Kerstin Lautenbach-Hsu

# Vegetarisch kochen – chinesisch

Kerstin Lautenbach-Hsu

# Vegetarisch kochen – chinesisch

pala verlag

Meinem Mann Hung-Wei Hsu

徐宏伟

# Inhalt

Kulinarische Spezialitäten aus dem Reich der Mitte .................. 7
Land und Leute .................................................. 9
Die chinesische Küche ........................................... 12
Zubereitung der Speisen.......................................... 23
Aus der chinesischen Speisekammer ............................... 30
Hinweise zu den Rezepten ........................................ 50

Vorspeisen und Salate............................................ 52
Gemüsegerichte................................................... 70
Soja, Tofu und Seitan ........................................... 98
Reis, Teigtaschen und Brötchen .................................. 120
Eierspeisen ..................................................... 140
Suppen und Mongolischer Feuertopf................................ 146
Süßspeisen und Gebäck ........................................... 158

Die Autorin ..................................................... 172
Danksagung ...................................................... 173
Rezeptindex ..................................................... 174

# Kulinarische Spezialitäten aus dem Reich der Mitte

Mein Interesse an der chinesischen Kultur wurde vor zwanzig Jahren geweckt, als ich meinem Ehemann zum ersten Mal begegnet bin. Im Laufe der letzten zwei Jahrzehnte habe ich durch ihn und meine Reisen nach China viele neue interessante kulturelle Aspekte kennen und auch schätzen gelernt. Vor einigen Jahren habe ich während meines Studiums begonnen, mich auch wissenschaftlich mit der chinesischen Kultur auseinanderzusetzen und dabei festgestellt, wie viel über eine Kultur und deren Menschen zu erfahren ist, wenn man sich näher mit ihren Essgewohnheiten beschäftigt.

Mit den in diesem Buch vorgestellten Gerichten möchte ich einen kleinen Einblick in die phantasievolle chinesische vegetarische Küche geben und Ihnen dabei die beeindruckende Kultur Chinas etwas näherbringen. Bei der Auswahl der Rezepte habe ich mich hauptsächlich auf beliebte Alltagsgerichte und bekannte Klassiker der Familienküche sowie regionale Spezialitäten beschränkt, die vergleichsweise einfach nachzukochen und deren Zutaten hierzulande gut erhältlich sind.

Bei meinen Reisen schaue ich gerne in die Pfannen der Profiköche. Die Hälfte des Jahres verbringe ich inzwischen in Shanghai und entdecke dort immer wieder neue Restaurants, auch wenn ich mittlerweile einige Lieblingslokalitäten habe, die ich gerne besuche. Vor allem ein klassisches vegetarisches Restaurant, das etwas versteckt in der Songshan Lu liegt, hat mich zu diesem Buch inspiriert. Hier wird eine Vielzahl bekannter Spezialitäten angeboten, die Fleisch- und Fischgerichte nachahmen. Gerne gehe ich auch zum vermutlich größten Dongbei-Restaurant Shanghais in der Shanxi Lu, das sehr viele deftige Mehlspeisen auf der Speisekarte stehen hat, die typisch für den Norden Chinas sind. Hier wähle ich häufig Frühlingsrollen mit Chinesischem Schnittlauch (siehe Seite 132). In einem anderen, sehr kleinen Dongbei-Restaurant, etwas außerhalb des Zentrums, habe ich erstmals den leckeren mandschurischen Salat gegessen, der mich so begeistert hat, dass ich mich sofort nach dem Rezept erkundigt habe. Seitdem steht dieser Salat regelmäßig auf meinem Speiseplan (siehe Seite 69). Vor allem in den kalten Wintermonaten gehe ich mit meinem Mann gerne »Feuertopf« oder, wie es so schön auf Englisch heißt, »hot pot« essen (siehe

Seite 154). Wir bestellen stets einen zweigeteilten Topf mit einer scharfen Sauce und einer vegetarischen Brühe, dazu wählen wir die verschiedensten Zutaten. Während sich mein Mann überwiegend für Fleisch und Fisch entscheidet, die ausschließlich in der scharfen Sauce gegart werden, bestelle ich meine Lieblingsgemüsearten. Ein absolutes Muss für uns beide ist die gerollte Tofuhaut.

In diesen Restaurants geht es meist lebhaft zu und für europäische Ohren ist die Lautstärke stark gewöhnungsbedürftig. Etwas edler und auch ruhiger ist es in meinem Lieblings-Sichuan-Restaurant in der Nähe der Hengshan Lu, wo knackiger, mit Knoblauch parfümierter Brokkoli (siehe Seite 83) und karamellisierte Äpfel und Bananen (siehe Seite 162) als krönender Abschluss zu meinen absoluten Favoriten zählen.

Viel Spaß und gutes Gelingen beim Nachkochen dieser und aller anderen Gerichte aus dem Reich der Mitte und *man man chi!*

Kerstin Lautenbach-Hsu

# Land und Leute

Die Volksrepublik China liegt im Osten des asiatischen Kontinents und grenzt mit ihrer Westküste an den Pazifischen Ozean. Mit einer Gesamtfläche von rund 9,6 Millionen Quadratkilometern ist sie das drittgrößte Land der Erde und etwa mit der Größe Europas vergleichbar. China grenzt an vierzehn Staaten, die überwiegend durch natürliche Grenzen wie Flüsse, Steppen, Wüsten und Bergmassive von China getrennt sind.

Mit über 1,3 Milliarden Menschen ist China das bevölkerungsreichste Land der Erde, sechsundfünfzig Nationalitäten treffen hier aufeinander. Dreiundneunzig Prozent der Bevölkerung machen die Han-Chinesen aus, den Rest bilden die fünfundfünfzig nationalen Minderheiten.

Die Volksrepublik China ist verwaltungstechnisch in zweiundzwanzig Provinzen, fünf autonome Regionen (Guangxi, Innere Mongolei, Ningxia, Tibet und Xinjiang-Uighur) und vier regierungsunmittelbare Zentren (Beijing, Shanghai, Tianjin und Chongqing) aufgeteilt. Im Süden Chinas liegen die beiden Sonderverwaltungszonen Hongkong und Macau, die beide bis Ende der 1990er-Jahre europäische Kronkolonien waren.

Im Osten und Süden wird das chinesische Festland vom Gelben Meer, dem Ost- und Südchinesischen Meer, beides Randgewässer des Pazifischen Ozeans, sowie der Bohai-See, einem Binnengewässer, flankiert. Mehr als 5000 Inseln sind über Chinas ausgedehnte Seegebiete verstreut, die größte unter ihnen ist Hainan. Zu den wichtigsten Wasserwegen zählen der mit 6300 Kilometern längste Fluss Chinas, der Jangtsekiang, der Gelbe Fluss *(Hung He)* und der Große Kanal *(Jing Han Da Yunhe),* der die Hauptstadt Peking (Beijing) im Norden mit der Provinzhauptstadt Hangzhou (Provinz Zhejiang) im Süden verbindet.

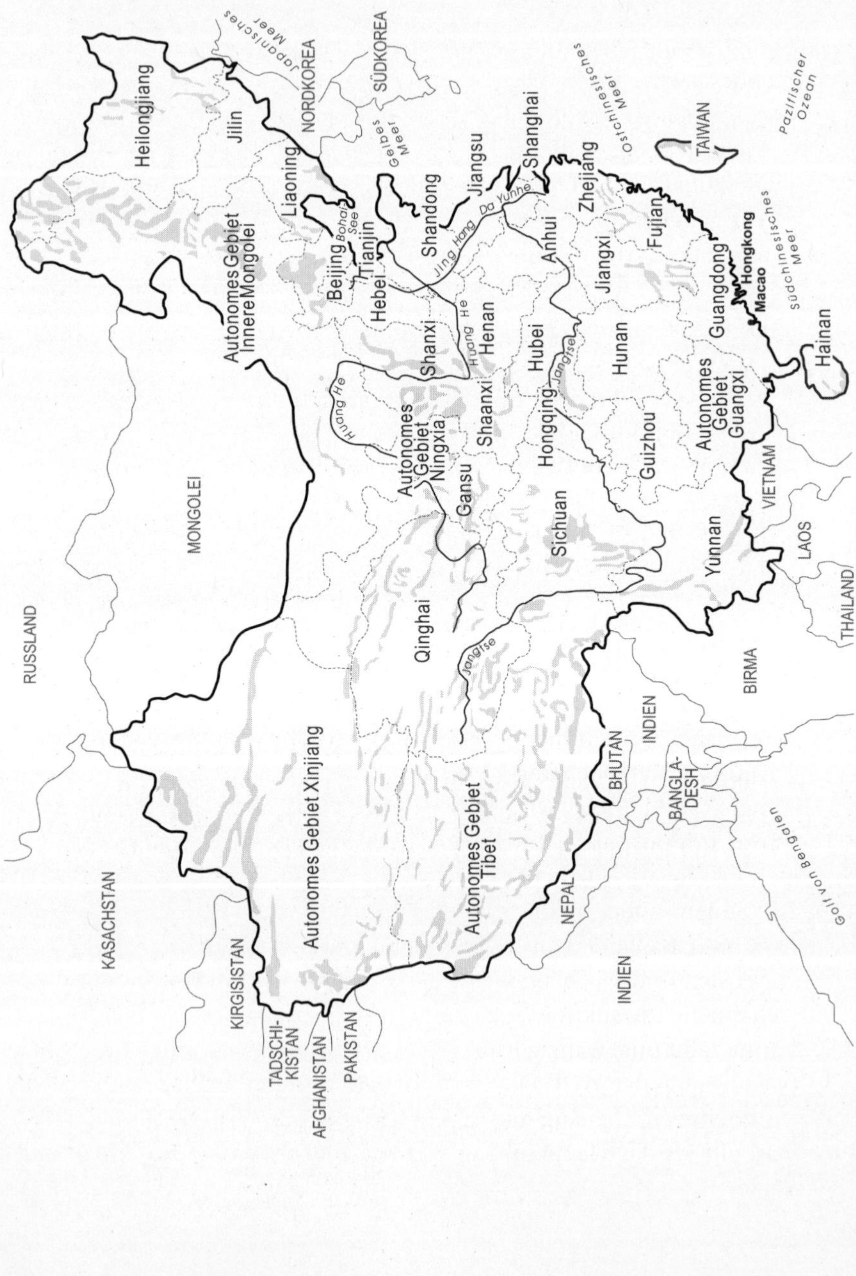
RUSSLAND
MONGOLEI
KASACHSTAN
KIRGISISTAN
TADSCHI-
KISTAN
AFGHANISTAN
PAKISTAN
INDIEN
NEPAL
BHUTAN
INDIEN
BANGLA-
DESH
BIRMA
THAILAND
LAOS
VIETNAM
NORDKOREA
SÜDKOREA
TAIWAN
Japanisches Meer
Gelbes Meer
Bohai See
Ostchinesisches Meer
Pazifischer Ozean
Südchinesisches Meer
Golf von Bengalen
Heilongjiang
Jilin
Liaoning
Autonomes Gebiet
Innere Mongolei
Beijing
Tianjin
Hebei
Shandong
Jiangsu
Shanghai
Jing Hang Da Yunhe
Zhejiang
Anhui
Fujian
Jiangxi
Shanxi
Huang He
Henan
Hubei
Jangtse
Hunan
Guangdong
Hongkong
Macao
Hainan
Autonomes Gebiet Guangxi
Guizhou
Hongqing
Shaanxi
Autonomes Gebiet Ningxia
Gansu
Sichuan
Yunnan
Qinghai
Autonomes Gebiet Xinjiang
Autonomes Gebiet Tibet

## Klima und Landwirtschaft

Topographisch gesehen fällt die Oberfläche Chinas von West nach Ost stufenförmig ab: Hochgebirge und Hochebenen kennzeichnen den Westen des Landes, sie liegen im Durchschnitt 4000 Meter über dem Meeresspiegel. Die östlich davon liegenden Hochebenen sind zwischen 1000 und 2000 Metern hoch, während die Flussebenen und Küstenregionen im Osten maximal 500 Meter über dem Meeresspiegel liegen. Aufgrund seiner enormen geographischen Ausdehnung und den topographischen Unterschieden finden sich in China unterschiedlichste Klimazonen mit zum Teil extremen jahreszeitlichen Temperaturschwankungen. Im Norden Chinas herrscht ein ausgeprägtes Kontinentalklima vor. Nördlich des Jangtsekiang sind die Winter teilweise extrem kalt, die Sommer hingegen heiß und trocken. Da Nordchina keine Gebirgsketten besitzt, sind die Winter durch den direkten Kaltlufteinfluss Sibiriens kalt und trocken. In Südchina überwiegt hingegen subtropisches bis tropisches Klima, mit heißen und feuchten Sommern und kühlen Wintern. Das Hochgebirgsklima in den Hochebenen ist durch extrem kalte Winter gekennzeichnet, in den Gebieten nahe der Mongolei herrscht dagegen Wüsten- und Steppenklima.

China zählt zu den weltweit größten Produzenten von Getreide (Reis, Weizen), Äpfeln, Kartoffeln und Baumwolle, wobei Reis zu den wichtigsten Ernteerzeugnissen zählt.

Die nordchinesische Ebene ist größtenteils mit fruchtbarer Erde bedeckt, daher werden hier große Mengen an Mais, Weizen, Sojabohnen, Flachs und Zuckerrüben angebaut. In der Ebene am Mittel- und Unterlauf des Jangtse werden überwiegend Wasserreis und Süßwasserfische produziert. Das mit purpurner Erde bedeckte Sichuanbecken ermöglicht einen reichen Ertrag an Feldfrüchten, Reis, Raps und Zuckerrohr.

Im Süden findet man tropische Früchte wie Litchis, Kokosnüsse, Mangos und Bananen. Im Westen des Landes beherrschen vegetationsarme Wüsten und Hochebenen das landschaftliche Bild, sodass die agrarwirtschaftliche Produktion hier eher spärlich ausfällt.

China zählt mit zwanzig Prozent der gesamten Ernte zu den führenden Teeproduzenten der Welt. Die größten Teeplantagen liegen in den südöstlichen Provinzen Zhejiang und Fujian sowie auf den Hügeln im Jangtsetal. Yunnan gilt als das Hauptanbaugebiet für Tee, aber auch für Tabak und Ölsaaten.

# Die chinesische Küche

Die chinesische Küche, die auf eine über 3000-jährige Geschichte zurückblicken kann, wurde vor allem durch Gerichte der armen Bevölkerung geprägt. Dennoch gilt sie als eine der besten und abwechslungsreichsten der Welt. Naturkatastrophen, Überbevölkerung und die dadurch hervorgerufenen Hungersnöte haben die Menschen im Laufe der Jahrhunderte bei der Essenszubereitung erfinderisch gemacht. Viele chinesische Delikatessen sind aus der Not heraus entstanden und zeichnen sich – vielleicht gerade deshalb – durch große Kreativität und Vielfalt aus.

Kurze Garzeiten und frische Zutaten, die in Farbe, Geschmack, Aroma und Form harmonisch aufeinander abgestimmt sind, sind typisch für viele Köstlichkeiten aus dem Reich der Mitte. Das Gericht soll nicht nur gut schmecken, sondern bereits durch seinen Anblick und Geruch den Appetit anregen. Reizvolle Kontraste sind dabei durchaus erwünscht. Neben dem Erscheinungsbild zählen aber auch die »inneren Werte«: die ausgewogene Kombination der Nährstoffe und wertvollen Inhaltsstoffe. Denn Ernährung und Gesundheit stehen nach chinesischem Verständnis in einem engen Zusammenhang.

Die Komposition chinesischer Mahlzeiten beruht daher häufig auf bestimmten Prinzipien wie dem Prinzip von Yin und Yang, das aus dem Daoismus hervorgegangen ist. Das Ziel ist dabei, die Gerichte so zusammenzustellen, dass Yin- und Yang-haltige Lebensmittel miteinander im Gleichgewicht stehen, beispielsweise Mais mit Pinienkernen, Brokkoli und Knoblauch und Reis mit Hülsenfrüchten oder Pilzen.

Die Gerichte sind dabei unkompliziert und einfach nachzukochen. Aus relativ wenigen Zutaten wie Gemüse, Bohnen, Pilzen oder Früchten entstehen überaus raffinierte Gerichte. Den Schnitttechniken, Gewürzen sowie Kochzeiten und -temperaturen wird große Aufmerksamkeit geschenkt. Die Zutaten werden bereits in mundgerechte Stücke geschnitten, bevor sie in Wok oder Kochtopf wandern. Daher steht das Essen schnell auf dem Tisch, die Inhaltsstoffe bleiben weitgehend erhalten und das Gemüse hat nach dem Garen noch Biss.

## Essen in der chinesischen Kultur

Das Essen zählt zu den größten Leidenschaften der Chinesen. Der ausgesprochen hohe Stellenwert zeigt sich in gängigen chinesischen Begrüßungsformeln wie »*ni chi gu le ma*« (»Hast du schon gegessen?«) oder in den vielen Metaphern für Situationen, die nichts mit der Nahrungsaufnahme im eigentlichen Sinne zu tun haben wie »Essig essen« (= eifersüchtig sein). Jeder Ausflug und jede Reise in eine andere Stadt ist stets mit bestimmten kulinarischen Spezialitäten verbunden, deren Genuss ein unerlässliches Muss ist und über die sich die Chinesen gerne lange und ausgiebig unterhalten.

Gastfreundschaft geht Chinesen über alles und dies zeigt sich besonders bei Tisch: Es werden mehr Speisen serviert, als die Gäste überhaupt essen können. So sollen Großzügigkeit und Respekt gegenüber dem Gast zum Ausdruck gebracht werden. Selbst arme Familien bewirten einen Gast ausgesprochen großzügig und stürzen sich gelegentlich sogar in Schulden, nur um ihr Gesicht zu wahren.

Gäste werden in der Regel ins Restaurant eingeladen, die Bewirtung zu Hause ist eher unüblich. Die großzügige Bewirtung im nicht selten teuren Lokal zeugt nicht nur von einer persönlichen Wertschätzung des Gastes, sondern sie dient darüber hinaus dazu, die Beziehung zwischen Gast und Gastgeber zu vertiefen und zu festigen. Für den Eingeladenen stellt der Umfang der Bewirtung somit auch ein untrügliches Kriterium dar, welche Bedeutung der Gastgeber der Beziehung beimisst.

Gegenseitige Einladungen zum Essen sind sowohl im chinesischen Privatleben als auch im Geschäftsleben sehr wichtig. Gelegenheiten für eine gemeinsame Mahlzeit gibt es viele: Einladungen zum Essen werden beispielsweise ausgesprochen, wenn der Gastgeber eine Bitte vorbringen, sich für etwas bedanken oder sich für eine vorhergehende Essenseinladung revanchieren möchte. Da nach chinesischer Auffassung während des Essens keine brisanten Themen diskutiert werden sollen, stellt die gemeinsame Mahlzeit auch eine hervorragende Möglichkeit dar, bereits bestehende Unstimmigkeiten zu beseitigen und erhitzte Konflikte abzukühlen. Infolgedessen wird eine Essenseinladung als wichtigstes Mittel geschätzt, um Harmonie zu erzeugen oder wiederherzustellen.

## Der chinesische Alltag

Chinesen nehmen täglich drei bis vier meist warme Mahlzeiten zu sich und achten sehr auf pünktliche Essenszeiten: Mittags wird zwischen 11.30 und 12.30 Uhr und abends zwischen 17.00 und 19.00 Uhr gegessen.

Das Frühstück wird oft unterwegs eingenommen, dabei sind beispielsweise gefüllte Teigtaschen oder dicke gefüllte Pfannkuchen sehr beliebt, oder das Frühstück besteht aus Reissuppe mit salzig eingelegtem Gemüse, Fettgebäck, gedämpften Hefeklößen und ungesüßter Sojamilch. Garküchen, die gedämpfte Hefeklöße anbieten, sind bereits aus der Ferne an ihren charakteristischen Türmen aus gestapelten Dämpfkörben erkennbar.

Das Mittagessen wird gerne in kleinen Restaurants oder Garküchen eingenommen. Dort gibt es Reis, Nudeln oder Hefeklöße und dazu gebratenes Gemüse mit ein wenig Fleisch und Fisch. Kleinere und einfache Gerichte wie Teigtaschen oder Nudelspeisen werden in kleineren Garküchen angeboten. Auch wer in einer Garküche auf der Straße isst, muss nicht stehen. Zu den Hauptessenszeiten werden einfache Tische und Klappstühle aufgestellt, auf denen die Gäste Platz nehmen können.

Zur Feierabendzeit bieten fliegende Händler auf kleinen Wägelchen vielerlei kleine Snacks an, die auf dem Nachhauseweg verzehrt werden: Tee-Eier, gekochte Maiskolben, geschmorter Tofu oder gebackene Süßkartoffeln.

Das Abendessen nimmt die ganze Familie gerne gemeinsam zuhause ein und nutzt die Zeit, um die Ereignisse des Tages bei einer ausgiebigen Mahlzeit zu besprechen.

Ab etwa 18 Uhr kann man in vielen Städten Chinas auf den Nachtmärkten in zahlreichen Garküchen die lokalen Spezialitäten preiswert probieren. In den späteren Abendstunden wird Mais auf der Straße in originellen Gerätschaften über offenem Feuer mit einer lauten Explosion zu Popcorn verarbeitet und angeboten.

## »Im Norden salzig, im Osten süß, im Süden mild und im Westen scharf«

*Die* »Chinesische Küche« gibt es eigentlich gar nicht. Die großen klimatischen und topographischen Unterschiede Chinas spiegeln sich in den Regionalküchen und den in der Region bevorzugten Nahrungsmitteln wider. Auch einige Garmethoden sind durch regionale Besonderheiten geprägt. Aus dem Norden, mit seinen langen und strengen Wintern, kommt beispielsweise der »Mongolischer Feuertopf«, da ihm gleichzeitig die Funktion zukommt, die Räumlichkeiten zu beheizen.

Nicht selten wird der Einfachheit halber in der chinesischen Küche zwischen den folgenden vier Regionen unterschieden:

- nordchinesische Küche (*Lu*-Küche),
- westchinesische Küche (*Chuan*-Küche),
- ostchinesische Küche (*Su*-Küche),
- südchinesische Küche (*Yue*-Küche).

Zur nordchinesischen Küche zählen neben der Küche der Hauptstadt Peking (Beijing) die Küchen der nördlichen Provinzen Shanxi, Hebei, Shandong, Shaanxi, Qinghai, Heilongjiang, Hebei, Guizhou, Henan sowie der autonomen Gebiete Tibet, Innere Mongolei, Ningxia und Xinjiang.

Im Norden Chinas gedeihen in erster Linie Weizen, Mais, Hirse und Gerste, aus denen Mehl für Nudeln, Teigfladen, gedämpfte Brötchen, gefüllte Teigtaschen oder Klöße gewonnen wird. Der Reisanbau konnte sich hier aufgrund des Klimas nicht durchsetzen. Da das Angebot an frischem Obst und Gemüse aufgrund des Klimas mit langen kalten Wintern und trockenen heißen Sommern nicht so reichhaltig ausfällt wie in südlichen Gebieten, werden viele Lebensmittel beispielsweise durch Trocknung konserviert, wodurch sie ein intensiveres Aroma erhalten. Zu den wichtigsten Gemüsearten dieser Region zählen vor allem Chinakohl, Sellerie und Gurken sowie Melonen. Zum Würzen der Speisen werden besonders Knoblauch, Ingwer, Sojasauce und Sesamöl bevorzugt.

Die nördliche Küche ist zwar stark vom Einfluss nomadischer Völker beeinflusst, vor allem einfache Mehlspeisen haben hier ihren Ursprung, dennoch ist sie keine ausschließliche bäuerliche Küche. Durch den Kaiserhof sind vor allem in und um die Hauptstadt Beijing viele raffinierte Gerichte entstanden. Neben der einfachen Volksküche entwickelte sich so auch die Mandarin-Küche – die Küche des Herrscherhauses, zu deren Spezialitäten unter anderem *laba zhou,* Pudding der Acht Kostbarkeiten (siehe Seite 136), zählt. Bekannte Gerichte der nordchinesischen Küche sind außerdem auch die Pekingente *(Beijing kaoya)* oder *jiaozi,* gefüllte Teigtaschen (siehe Seite 126).

Die Küche des Westens, die Regionalküchen Sichuans, Hunans und Yunnans, zeichnet sich vor allen Dingen durch scharfe Speisen aus.

Durch die geographische Lage dieser Provinzen ist hier deutlich der Einfluss der indischen Küche erkennbar. Charakteristisch für die westchinesische Küche ist die Verwendung von eingelegtem Gemüse und scharfen Gewürzen wie Chilischoten, Pfeffer, Knoblauch, dem für die Region typischen Sichuanpfeffer und getrockneten Mandarinenschalen. Aber auch Ingwer und Lauch werden großzügig verwendet. Durch den fruchtbaren Boden und das gemäßigte Klima mit feuchten Sommern und milden Wintern gedeiht Reis in dieser Region hervorragend und ist ein wichtiges Grundnahrungsmittel. Obwohl die bevölkerungsreiche Provinz Sichuan den Beinamen »Reiskammer Chinas« trägt, hat in den letzten Jahren auch hier der Anbau von Hirse, Mais und Kartoffeln stark zugenommen. Speziell in Yunnan wird Joghurt hergestellt – eine Besonderheit, da der Großteil der Chinesen nahezu keine Milchprodukte verzehrt. Zu den bekanntesten Speisen der westchinesischen Küche zählen *mapo doufu* (siehe Seite 104) und *gongbao jiding* (siehe Seite 114), die beide in diesem Buch in einer vegetarischen Version vorgestellt werden, sowie fischduftende Auberginen (siehe Seite 72) und das in ganz China bekannte Gericht »Ameisen klettern auf Bäume« (in der vegetarischen Variante auf Seite 110).

Die Küche im Osten des Landes, die vor allem die Gerichte der Provinzen Jiangsu, Zhejiang und Anhui sowie der Metropole Shanghai umfasst, ist aufgrund der Nähe zum Ostchinesischen Meer und der zahlreichen Flüsse durch ihre Reichhaltigkeit an Meeresfrüchten geprägt. Das gemäßigte subtropische Klima ermöglicht in der Landwirtschaft hohe Erträge und eine große Produktvielfalt. Der Speisezettel ist reich an verschiedenen Getreide- und Gemüsearten. Die östliche Küche ist relativ fettreich, die Speisen haben eine leicht süße Note. Gewürze und Aromen werden nur sparsam verwendet. Zu dieser Küche gehören viele Spezialitäten Shanghais, die sich durch ihren verschwenderischen Umgang mit Zucker, Essig und Öl auszeichnen. Bekannte Gerichte sind »Hundertjährige Eier«, Reis nach Yangzhou-Art (siehe Seite 121), und »Löwenköpfchen« (in der vegetarischen Version auf Seite 108). Eine besondere Kochtechnik dieser Region ist das »Rotkochen« *(hong shao)*. Die Zutaten werden dazu vor dem Kochen in dunkler Sojasauce und Reiswein mariniert, beispielsweise die geschmorten Auberginen (siehe Seite 73). Zum Würzen werden vor allem Ingwer, Frühlingszwiebeln, Reiswein und Zucker verwendet.

Die südchinesische oder auch kantonesische Küche mit den Provinzen Guangdong, Guangxi und der Sonderverwaltungszone Hongkong besitzt in ganz China ein hohes Ansehen und ist vermutlich die vielseitigste der vier großen Regionalküchen. Die günstigen Klimabedingungen, die Nähe zum Meer und die fruchtbaren Anbauflächen sorgen das ganze Jahr für eine große Vielfalt an Lebensmitteln und ermöglichen mehrere Ernten pro Jahr. Speziell in Guangdong werden vor allem Reis, aber auch verschiedene Kohlsorten, Kartoffeln, Zwiebeln, Knoblauch, Tomaten und Sojabohnen angebaut. Reis und fermentierte Dicken Bohnen sind wichtige Grundzutaten der südchinesischen Küche. Gewürzt wird viel milder als im Westen, vor allem mit Ingwer, Frühlingszwiebeln, Essig, Sojasauce und Reiswein.

In den südlichen Landesteilen ist zum Garen der Gerichte vor allem das Pfannenrühren üblich, dabei werden die Zutaten unter ständigem Rühren bei großer Hitze schnell gebraten. Zu den bekanntesten Gerichte aus der kantonesischen Küche zählen *dim sum,* kleine »Häppchen« wie gefüllte Klößchen, Teigtaschen, Röllchen oder Rettichkuchen, die den ganzen Tag über gegessen werden können. Auch die Suppenküche hat hier eine große Tradition.

## Die vegetarische Küche

Nudeln, Reis, Tofu und frisches Gemüse sind die Hauptzutaten der chinesischen vegetarischen Küche. Die vegetarische Ernährung hat in China eine lange Tradition, sie reicht bis in die Östliche Han-Dynastie (25 bis 220 n. Chr.) zurück. Ihre Ursprünge liegen teilweise im Buddhismus, neben dem Konfuzianismus und dem Daoismus die dritte große chinesische Religion, begründet. Die Hauptgründe für streng gläubige Buddhisten, eine vegetarische Kost einzuhalten, basieren auf dem Gebot, anderen Lebewesen keinen Schaden zuzufügen, und auf der Lehre von der Reinkarnation, d. h. auf dem Glauben, dass jedes Lebewesen mehrmals wiedergeboren wird, bis es Mensch wird und den Weg der Erleuchtung gehen kann. Allerdings sind nicht alle Buddhisten strenge Vegetarier. Einige Buddhisten verzichten nur zeitweise auf tierische Lebensmittel, daher sind für die Zeiten der Enthaltsamkeit viele Gerichte entstanden, die beliebte Fleisch- oder Fischgerichte nachahmen.

Auch wenn man mit ein wenig Überredungskunst speziell zubereitete fleischlose Gerichte bekommen kann, haben es Vegetarier bei Essenseinladungen relativ schwer, da ein Gastgeber überwiegend Fleisch- und Fischgerichte servieren lässt. Rein vegetarische Gerichte könnten den Anschein von Geiz erwecken. Der Großteil der Chinesen zeigt sich recht irritiert, wenn jemand Vegetarier ist und die einzige Erklärung, die scheinbar akzeptiert wird, ist: *wo xin fojiao* (»Ich bin Buddhist«).Traditionell spielen zwar Gemüse und Reis in China eine große Rolle, dennoch werden in den meisten Restaurants hauptsächlich Fleisch- und Fischgerichte angeboten. Zwar stehen auch vegetarische Gerichte auf dem Speiseplan, aber nicht bei jedem Gemüsegericht wird automatisch ohne Fisch- oder Fleischzutaten gekocht. Der chinesische Rettichkuchen enthält beispielsweise im Original Krabbenfleisch (in vegetarischer Version, siehe Seite 96). Aber es gibt inzwischen besonders in den chinesischen Metropolen auch viele spezielle vegetarische Restaurants, die völlig auf das Angebot an Fleisch- oder Fischgerichten verzichten.

Die vegetarische Küche zeichnet sich durch ihre besonderen Zutaten, ihre raffinierte Zubereitung und ihren einzigartigen Geschmack aus. Allerdings gibt es einen großen Unterschied zu der in der westlichen Welt üblichen Form der vegetarischen Ernährung: Chinesische Köchinnen und Köche sind bemüht, bei den vegetarischen Gerichten Aussehen, Konsistenz und Geschmack von Fleisch- oder Fischgerichten nachzuahmen. Tierische Lebensmittel werden vor allem durch Tofu- und andere Sojaprodukte oder Seitan ersetzt, Brühen für Suppen und Saucen werden beispielsweise aus der Einweichflüssigkeit von Pilzen gewonnen. Bei allem ist aber auch die harmonische Balance von Farbe, Konsistenz und Geschmack von großer Bedeutung.

## Tischgedeck und Essstäbchen

In chinesischen Restaurants sitzen die Gäste normalerweise an runden Tischen, auf denen in der Mitte eine drehbare Platte, auf der das Essen serviert wird, steht. Die Teller mit den Speisen werden nicht von der Drehplatte genommen, sondern die Platte wird so lange gedreht, bis der gewünschte Teller erreicht wird. Der Tisch ist meist mit einer Vielzahl an Geschirr eingedeckt. Zur »Grundausstattung« in einem chinesischen Mittelklasserestaurant zählen eine Schale für Reis oder Suppe mit einem kleinen Porzellanlöffel, ein flacher Teller für das Hauptgericht, ein kleines Schälchen für Gewürze und Saucen und ein Dessertteller.

Typisch für die chinesische Esskultur ist die Verwendung von Essstäbchen, denen nachgesagt wird, dass sie das Gehirn trainieren sollen, da mehr als dreißig Muskeln in Hand, Arm und Schulter bewegt werden. Die Stäbchen bestehen aus unterschiedlichen Materialien von Bambus über Kunststoff bis hin zu Jade. In früheren Zeiten wurden am Kaiserhof und im Haus von einflussreichen Beamten Stäbchen aus Silber verwendet, die dazu dienten, Mordanschläge zu vereiteln, da sich die Stäbchen schwarz färbten, wenn sie mit Gift in Kontakt kamen.

Für die Verwendung der Essstäbchen gelten in China bestimmte Regeln. So werden beispielsweise die Stäbchen niemals senkrecht in den Reis gesteckt, da dies an ein chinesisches Beerdigungsritual erinnert: Stirbt in China ein Mensch, wird auf einem Altar eine Schüssel mit Reis oder Sand aufgestellt, in die Räucherstäbchen gesteckt werden. Mit den Essstäbchen sollte auch niemals auf eine leere Reisschüssel geschlagen werden, da diese Geste lediglich von Bettlern verwendet wird und möglicherweise den Gastgeber beleidigen könnte, da man als besonders hungrig erscheint.

## Tischsitten

Chinesische Tischmanieren unterscheiden sich in vielen Punkten stark von den hiesigen Gepflogenheiten. So wird beispielsweise in weiten Teilen Chinas sehr geräuschvoll gegessen: Vor allem Suppe, Tee und Nudeln werden mit Hingabe geschlürft. Es wird auch nicht selten mit vollem Mund geredet, lautstark gerülpst und geschmatzt. Allerdings ist dieses Verhalten heutzutage rückläufig, da gutes Benehmen im westlichen Sinn als Zeichen von Bildung und Wohlstand gilt.

Während man sich bei uns zu Beginn der Mahlzeit »Guten Appetit« wünscht, ist in China Essensbeginn, wenn der Gastgeber seine Essstäbchen aufnimmt und beispielsweise mit den Worten *qing* (»Bitte«) oder *lai chi ba* (»Bitte fangen Sie an«) zum Essen auffordert. Zu den grundlegenden Regeln bei einem chinesischen Essen zählt die Verantwortung des Gastgebers, die Gäste während der gesamten Mahlzeit immer wieder mit verschiedenen Delikatessen zu versorgen. Der Gastgeber legt seinen direkten Tischnachbarn immer wieder von den unterschiedlichen Speisen auf den Teller. Sobald der Teller eines Gastes leer ist, wird der chinesische Gastgeber ihn erneut füllen, ohne sich ausdrücklich zu erkundigen, ob der ausgewählte Bissen tatsächlich den Geschmack des Gastes trifft. Ist dies nicht der Fall, so wird es nicht geäußert, sondern die Stücke bleiben einfach unberührt auf dem Teller liegen. Daher ist es auch überaus wichtig, stets einen Essensrest als Zeichen, dass man satt ist, auf dem Teller übrig zu lassen, anderenfalls läuft man Gefahr, immer weiter bedient zu werden. Nach dem Essen wird mit den Worten *wo chi bao le* (»Ich habe mich satt gegessen«), betont, dass man satt ist und das Essen reichlich war.

Der Großteil des Essens ist bereits beim Servieren in mundgerechte Stücke zerteilt, die mit den Essstäbchen aufgenommen werden können. Das Berühren der Speisen bzw. das Essen mit den Fingern wird auch in China als unhygienisch betrachtet. Es gibt nur wenige Ausnahmefälle, bei denen die Finger zum Essen benutzt werden: Beispielsweise wenn Dampfbrötchen oder frisches Obst gegessen werden.

In gehobenen Restaurants liegt auf dem Tisch in der Regel eine Tischdecke, in einfachen Restaurants werden die Speisen direkt auf der blanken Tischplatte abgestellt – nur eines ist gleich: Sowohl Tischtuch als auch Tischplatte gelten als unsauber, da häufig Essensreste auf den Tisch gespuckt werden. Fällt etwas vom Essen auf den Tisch oder den Boden, bleibt es dort liegen. Auf gar keinen Fall darf es wieder aufgenommen oder sogar gegessen werden, außer man möchte als gefräßig erscheinen.

Die Speisen werden mit den Stäbchen aufgenommen, kurz auf dem eigenen Teller abgelegt oder dieser zumindest andeutungsweise berührt und erst dann zum Munde geführt. Während des Essens pflegen Chinesen kleinere Pausen einzulegen, die Stäbchen werden dazu auf der dafür vorgesehenen Ablage abgelegt. Ist keine vorhanden, werden sie auf dem Rand

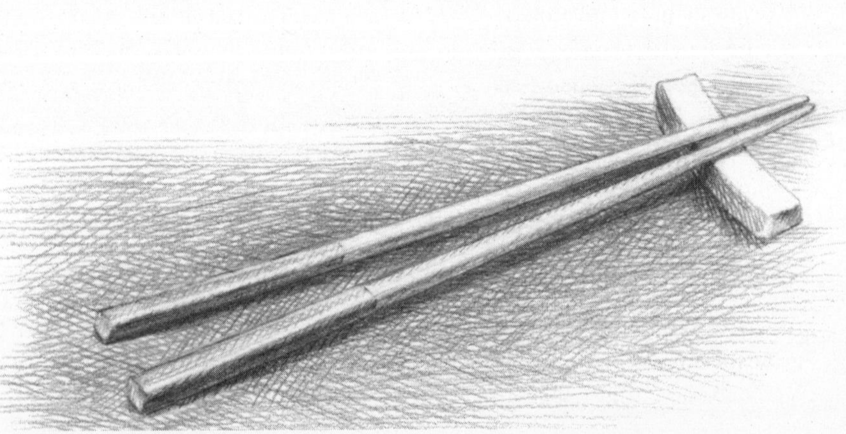

des Tellers platziert – keinesfalls sollen sie den Tisch berühren oder gar in den Reis gesteckt werden. Wer mit dem Essen bereits fertig ist, fordert die anderen mit *man man chi* (»Iss langsam!«) auf, sich Zeit beim Essen zu lassen.

Chinesen nehmen ausländischen Gästen selten den einen oder anderen Fehler bei Tisch übel, lediglich eines stößt bei Chinesen auf völliges Unverständnis: lautstarkes Naseputzen. Dies gilt als äußerst anstößig, vor allem dann, wenn das benutzte Taschentuch hinterher noch in der Hosentasche verschwindet.

## Symbolik der Speisen

Wenn man an die bedeutsame Rolle denkt, die das Essen in der chinesischen Kultur spielt, ist es nicht verwunderlich, dass viele Nahrungsmittel auch eine symbolische Bedeutung tragen.

Es gibt kaum einen Fest- oder Feiertag in China, der nicht mit einem bestimmten Gericht in Verbindung steht. Das bedeutendste Fest in China ist das Frühlings- oder chinesische Neujahrsfest im Januar bzw. Februar. Viele der Neujahrsgerichte haben eine spezielle Symbolik: In einigen Regionen werden Frühlingsrollen gereicht, die eine reiche Ernte und baldigen Wohlstand erbitten sollen. Weitere typische Zutaten bzw. Speisen anlässlich des Neujahrsfests sind Chinakohl, der schnelles Wachstum symbolisiert, Suppennudeln (erinnern an Goldfäden) oder Bambusschösslinge (bedeuten Statuserhöhung und Geschäftserfolg). Um Mitternacht werden besonders im Norden Chinas gefüllte Teigtaschen gegessen. Diese sind wie chinesische Goldbarren geformt und sollen den Wunsch, im neuen Jahr großes Glück und Reichtum zu erlangen, ausdrücken. Im Süden wird süßer Reiskuchen *(nian gao)* bevorzugt, der die Bitte nach der Steigerung des sozialen Ranges, also beruflichen und wirtschaftlichen Erfolg, symbolisiert.

Vor allem bei chinesischen Hochzeiten werden Datteln, Erdnüsse, Lotoskerne, Longans und Nüsse gereicht, da sie für Kindersegen stehen. Die Bezeichnungen dieser Früchte tragen alle das Schriftzeichen *zi*, das gleichzeitig »Sohn« bedeutet.

Ein traditionelles Geschenk für Geburtstage ist der »Langlebigkeitswein«. Da das chinesische Wort für Wein *jiu* lautet, das ähnlich wie das chinesische Wort »Langlebigkeit« klingt, wird dem Geburtstagskind eine aufwendig und edel verpackte Flasche Wein als Präsent überreicht, um ihm ein langes Leben zu wünschen. In einigen Regionen werden zum Geburtstag auch häufig sogenannte »Langlebigkeitsnudeln« serviert. Die spaghettiähnliche Nudel ist besonders lang, sie soll ebenfalls ein langes Leben repräsentieren und darf nicht zerschnitten werden. Der Pfirsich ist eines der am häufigsten verwendeten Symbole für Langlebigkeit und dient ebenso als Geburtstagsgeschenk, meist in Kuchenform.

Auch viele Gemüsearten tragen eine symbolische Bedeutung: Bambus symbolisiert Bescheidenheit, aber auch, da es sich um ein immergrünes Gewächs handelt, das Alter. Der Lotos stellt ein Symbol der Reinheit dar, da er aus schmutzigem Wasser emporwächst, ohne an seiner Blüte beschmutzt zu sein. Buddha wird häufig auf einem Lotosthron dargestellt, um seine Reinheit zu demonstrieren.

## Zusammenstellung eines Menüs

Die Zusammenstellung sowie die Reihenfolge der Gerichte für ein Menü sind eine Kunst für sich, wobei Gegensätze durchaus vereinbar und Kontraste erwünscht sind. Es soll stets mit leichten Vorspeisen begonnen werden, die den Appetit anregen, der zweite Gang besteht aus Speisen, die über etwas mehr Aroma und Geschmack verfügen, der dritte Gang besteht aus schwereren Gerichten, den letzte Gang bildet dann der Nachtisch, der wieder leicht und süß ist. Auf scharfe und würzige sollen leichte und schmackhafte Speisen folgen, auf saure folgen süße Gerichte. Die Suppe kommt in vielen Regionen Chinas ebenfalls zum Abschluss des Essens auf den Tisch. Sie soll eventuell verbliebene Lücken im Magen schließen und die intensiven Geschmacksrichtungen der verschiedenen Speisen neutralisieren. Gelegentlich wird die Suppe allerdings zu Beginn oder zwischen anderen Gängen serviert und ersetzt die Getränke.

Bei Festessen werden nach dem letzten Hauptgericht häufig Reis, Nudeln oder gedämpfte Brötchen gereicht. Dies ist aber lediglich eine höfliche Geste. Es wäre recht unhöflich, den Reis vollständig zu verspeisen, da der Gastgeber es so deuten könnte, dass der Gast nicht satt geworden ist. Bei alltäglichen Mahlzeiten wird der Reis jedoch sofort zum Essen serviert.

# Zubereitung der Speisen

## Küchenutensilien

Chinesische Küchen sind sehr klein und relativ einfach eingerichtet. Meist gibt es nur einen Gasherd mit zwei Flammen, über einen Backofen verfügen nur die wenigsten Haushalte.

Typisches Küchenzubehör ist der ***Wok,*** der im Original die Form einer Halbkugel hat und über einer offenen Gasflamme erhitzt wird. Ein spezieller Metallring verleiht ihm einen festen Stand, trotz des gewölbten Bodens. Die runde Form und die leichte Schräge machen das Rühren und portionsweise Anbraten der Zutaten leicht. Das angebratene Gargut wird einfach am Pfannenrand nach oben geschoben und dort warm gehalten, bis die nächsten Zutaten angebraten sind. Der Wok ist ein echtes Multitalent. Er wird nicht nur zum Braten, sondern auch zum Frittieren, Blanchieren, Schmoren und Dämpfen verwendet. Die meisten Woks, die hierzulande erhältlich sind, haben einen flachen Boden, damit sie auf modernen Elektro- und Gasherden benutzt werden können. Ersatzweise kann auch eine beschichtete oder unbeschichtete Bratpfanne verwendet werden.

Neben dem Wok gibt es in vielen chinesischen Küchen einen elektrischen ***Reiskocher*** sowie einen ***Tontopf,*** der dem bei uns bekannten Römertopf ähnelt und vor allem für die Zubereitung von Suppen verwendet wird.

Für den typischen »Mongolischen Feuertopf« wird ein weiterer spezieller Topf benötigt, der mit Holzkohle geheizt wird. Hierzulande sind kleinere ***Feuertöpfe*** aus Messing mit einer Art Schornstein für die Kohle im Fachhandel erhältlich. Alternativ kann auch ein Fonduetopf verwendet werden.

In vielen chinesischen Haushalten werden runde ***Bambus-Dämpfkörbe,*** oft mehrstöckig, verwendet. Die Körbe werden direkt in den Wok über etwas Wasser, das zum Kochen gebracht wird, gesetzt. Durch den geflochtenen Bambusboden des Korbs strömt der Wasserdampf nach oben, so werden Gemüse und andere Zutaten nährstoffschonend gegart. Im Dämpfkorb können auch Hefeklößen und Kuchen aus Klebreismehl gedämpft werden. Damit nichts am Boden haften bleibt, werden die Körbe mit Gemüseblättern (z. B. Chinakohl, Spinat) oder Backpapier ausgelegt.

Scharfe ***Messer*** und ein kleines ***Küchenbeil*** sind weitere wichtige Küchenutensilien, um »typisch chinesisch« zu kochen. Das chinesische

Küchenbeil hat eine rechteckige und etwas abgerundete Klinge und eignet sich nicht nur zum Schneiden und Hacken, sondern auch zum Klopfen und Zerdrücken von Zutaten.

Darüber hinaus verfügen die meisten Haushalte über eine Vielzahl an Schöpfkellen, Spateln und Schaumlöffeln, Seihern und kleinen Sieben. Chinesische Schaumlöffel sind praktisch, um Gebratenes und Frittiertes aus dem Wok zu nehmen und etwas abtropfen zu lassen.

Eine ***Holzzange*** eignet sich, um Frittiertes oder Gebratenes zu wenden oder um Zutaten in den Wok zu legen. Geübte können dazu aber auch ***Essstäbchen*** verwenden.

## Von süß bis scharf – die Geschmacksrichtungen

Bei chinesischen Gerichten dominiert meist eine Geschmacksrichtung oder es werden zwei unterschiedliche Geschmacksrichtungen miteinander kombiniert. Je nach verwendeten Gewürzen schmecken die Speisen salzig, süß, sauer, scharf, bitter, aromatisch oder delikat.

Für salzigen Geschmack sorgen Salz oder Sojasauce, süße Speisen enthalten Zucker, Kandis- oder Hagelzucker oder Honig. Heller oder dunkler Essig machen das Essen säuerlich, regen gleichzeitig die Verdauungskräfte an und fördern die Aufnahme von Mineralstoffen. Der Essig soll die Auflösung des Fettes positiv beeinflussen und wird außerdem zur Vertreibung unangenehmer Gerüche eingesetzt. Scharfe Speisen regen den Appetit an und werden mit Zutaten wie scharfem Paprika, Pfeffer, Ingwer, chinesischem Porree und Knoblauch gewürzt. Die Bitterkeit in Speisen wird durch Zutaten wie Balsambirne, Yamswurzel, getrocknete Mandarinenschalen und Früchte des chinesischen Bocksdorns hervorgerufen. Aromatisch wird es in der chinesischen Küche durch die Verwendung von Zimt, Sternanis, Fenchel, Nelken, chinesischem Blütenpfeffer, Fünf-Gewürze-Pulver, Sesamöl, Sesamsamen, Sesampaste, Reiswein und süß vergorener roter Reispaste. Einen delikaten Geschmack erreicht man durch vegetarische Austernsauce, Brühe und die Einweichflüssigkeit von Pilzen.

Für das Würzen der Speisen gibt es einige Grundregeln, die beachtet werden sollten. Die Reihenfolge, wann das Essen gewürzt wird, ist entscheidend, damit das Gericht gelingt. Je nach Rezept wird vor, während oder nach dem Kochen gewürzt. Welche Geschmacksrichtung bevorzugt wird, hängt unter anderem von der Jahreszeit ab. Im Winter wird beispielsweise schärfer gewürzt, um den Körper von innen zu wärmen. Zutaten, die einen eher unangenehmen Eigengeruch aufweisen, werden vor oder während des Kochens mit Ingwer, Zucker, Reiswein, Essig oder Porree gewürzt. Bei eher geschmacksneutralen Zutaten wie Glasnudeln werden stark gewürzte Brühen hinzugefügt. Pilze oder aromatisches Gemüse und andere Zutaten, die bereits über einen angenehmen Eigengeschmack verfügen, werden weniger stark gewürzt, um das ursprüngliche Aroma zu erhalten.

## Schnittformen und Schnitttechniken

In der chinesischen Küche wird das Gemüse nicht einfach klein geschnitten. Die Formgebung ist besonders wichtig, denn sie beeinflusst den Eigengeschmack, die Bekömmlichkeit und die Garzeit der verwendeten Zutaten. Zum Schneiden wird ein chinesisches Küchenbeil oder ein scharfes, großes Gemüsemesser und ein Schneidebrett verwendet.

Beim Schneiden gibt es drei Grundtechniken: Schnitt *(qie)*, Scheibe *(pian)* und Einritzen *(ji)*, aus denen sich etwa fünfundzwanzig weitere Schneidebewegungen ableiten lassen. Beim einfachen Schnitt der Zutaten wird das Messer senkrecht zum Schneidebrett, beim Schneiden von Scheiben parallel zum Schneidebrett geführt. Beim Einritzen müssen die Zutaten zuerst in der einen Richtung leicht eingeritzt und dann entgegengesetzt dazu geschnitten werden, sodass ein Kreuzmuster entsteht. Durch diese Schnitttechnik können die Gewürze besser einziehen, darüber hinaus wird die Garzeit verkürzt.

Feste Gemüsearten wie Möhren werden fein geschnitten, damit sie möglichst genauso schnell gar werden wie weichere Gemüsearten. Dazu werden sie zunächst in Scheiben geschnitten. Einige Scheiben werden dann jeweils übereinandergelegt und in gleichmäßige feine Streifen geschnitten. Bei Spinat, Chinakohl oder Porree genügt es, diese in breite Streifen zu schneiden. Feine Würfel entstehen, wenn das Gemüse zunächst in Scheiben, dann längs in dünne Streifen und zuletzt quer gewürfelt wird. Knoblauch, Ingwer oder andere würzende Zutaten werden in möglichst feine Scheiben und dann in Streifen geschnitten, sodass sie dann sehr fein gehackt werden können.

Auch das kunstvolle Schnitzen von Blumen und Tieren als Dekoration ist typisch für die chinesische Kochkunst. Verwendet werden hierzu feste

Gemüse- oder Obstarten wie Möhren, Äpfel, Melonen oder Rettich, die dann in künstlerischer Feinarbeit zu Blüten, Drachen oder anderen symbolischen Figuren verarbeitet werden. Ungeübte können sich hierzulande mit speziellen Garnierausstechformen behelfen, die über den Fachhandel angeboten werden.

## Gut vorbereitet, schnell gegart

Einige der verwendeten Zutaten müssen vor dem Braten oder Dämpfen noch speziell vorbereitet werden, damit sie beispielsweise ihren bitteren Geschmack oder unangenehmen Geruch verlieren. Oft wird festeres Gemüse vorgegart, um die Garzeiten im Wok zu verkürzen. Knollengewächse wie Kartoffeln, Yamswurzel oder getrocknete Bambussprossen werden häufig vor der eigentlichen Zubereitung in der Schale gar gekocht und erst anschließend geschält. Gemüsearten wie Sellerie, Spinat, Tomaten und grüne Sojabohnen werden zunächst blanchiert, d. h. kurz in kochendes Wasser gegeben und dann in eiskaltem Wasser abgekühlt. Farbe und wertvolle Inhaltsstoffe bleiben so erhalten.

Die Zutaten können auch in Öl sautiert werden. Dazu werden sie vor der eigentlichen Zubereitung so lange in heißem Öl gewendet, bis sie eine knusprige Außenhaut haben. Andere Zutaten werden auch in heißem Öl gebraten, bis sie gar sind und dann erst mit dem Rest vermischt.

## Das Pfannenrühren und andere Zubereitungsarten

Typisch für die chinesische Küche sind die vielen unterschiedlichen Kochtechniken. Sie spiegeln die jeweiligen landschaftlichen, klimatischen und kulturellen Bedingungen einer Region wider und verleihen dem Essen ihren besonderen Geschmack. In China werden rund zwanzig Methoden gezählt, um Zutaten zuzubereiten. Speisen werden beispielsweise gedämpft, gebacken, gegrillt, gekocht, gedünstet, geräuchert, geröstet, geschmort, pochiert, gebraten oder frittiert.

Das Braten ist in China eine Kunst für sich. Es gibt viele unterschiedlich Arten des Bratens, eine davon ist das Pfannenrühren im Wok *(chao)*. Der Wok nimmt rasch hohe Temperaturen an, die einzelnen Zutaten werden darin schnell gar und können am Rand abgelegt werden, bis alles fertig ist.

Zu den wichtigsten Regeln im Umgang mit dem Wok zählt, die leere Pfanne zunächst stark zu erhitzen, bis sie leicht zu rauchen beginnt. Erst

## Braten ist nicht gleich Braten

***Zha-Braten:***

- Trockenes und reines Braten *(gan zha* und *qing zha)*: Mit oder ohne Panade werden die Zutaten im Wok in reichlich Öl bei starker Hitze so lange gebraten, bis sie innen zart und außen knusprig sind.
- Weiches oder mürbes Braten *(ruan zha* oder *su zha)*: Die Zutaten werden direkt in heißem Öl gebraten oder in Wasser gekocht, in aufgelöste Stärke getaucht und anschließend in heißem Öl so lange gebraten, bis sie eine goldgelbe Farbe haben.
- *Zhibao zha* oder *cui zha* (in Reispapier oder Tofublätter gewickelt): Die Zutaten werden eingewickelt und in 70 °C bis 100 °C heißem Öl goldbraun gebraten.

***Liu-Braten:*** Zuerst werden die rohen Zutaten in Öl gebraten, bis sie gar sind. Aufgelöste Speisestärke und gewürzte Sauce werden aufgekocht und über das Bratgut gegeben.

***Peng-Braten:*** Die Zutaten werden in heißem Öl so lange frittiert, bis sie gar sind, danach werden die Gewürze dazugegeben. Der Bratvorgang muss schnell vor sich gehen, damit die Zutaten außen knusprig bleiben und innen weich sind.

***Bao-Braten:*** Die Zutaten werden zügig in heißem Öl gebraten, das überschüssige Öl wird abgegossen und die vorbereitete Gewürzmischung hinzugefügt.

***Chao- und Bian-Braten:*** Die Zutaten werden in Würfel, Schnitze oder Scheiben geschnitten, bevor sie in heißem Öl bei starker Hitze unter schnellem Rühren gebraten werden. Die Kochzeit ist relativ kurz, sodass die Zutaten frisch bleiben und ihren Biss behalten.

***Jian, Tie- und Tu-Braten:*** Die Zutaten werden in Scheiben geschnitten und dann, pur oder mit einer Teighülle überzogen, in wenig Öl bei mittlerer Hitze auf einer Seite oder beidseitig langsam gebraten, bis sie goldgelb sind. Anschließend werden Gewürze, weitere Zutaten oder eine Sauce hinzugefügt.

dann wird das Öl hinzugefügt, das durch Schwenken des Woks schnell verteilt wird. Die klein geschnittenen Zutaten werden unter schnellem und ständigem Wenden kurz gebraten. Auf diese Weise bleibt das Gemüse knackig und behält seine typische Farbe, auch Aroma und Vitamine werden so weitestgehend geschont.

Wichtig ist, dass alle Zutaten vor dem Kochen oder Braten klein geschnitten sind und zusammen mit der benötigten Flüssigkeit und den Gewürzen bereitstehen, denn das Braten im Wok geht blitzschnell. Während Sie im Schrank nach der Gewürzdose suchen, kann Ihr Gemüse schon angebrannt sein. Beim Zubereiten kommt es außerdem auf das richtige Timing an, damit alle Zutaten gleichmäßig gegart werden. Daher ist die genaue Kenntnis der einzelnen Zutaten und deren Eigenschaften eine wichtige Voraussetzung für das Gelingen der Speisen.

## Goldgelb und knusprig umhüllt

In einigen Rezepten bekommen die Zutaten vor dem Garen eine Teighülle, sodass sie beim anschließenden Braten oder Dämpfen nur indirekt erhitzt werden und dadurch Eigengeschmack, Aroma und Form weitgehend behalten. Für die Teighüllen werden vor allem Mehl, Speisestärke, Eier, Zucker und Wasser verwendet, je nach gewünschter Konsistenz werden sie zu einer dickflüssigen Teighülle oder einer dünneren Paste angerührt. Die mit dem Teig überzogenen Zutaten werden in Öl gebraten oder frittiert, bis sie eine goldbraune Farbe angenommen haben.

Die einzelnen Teigarten besitzen unterschiedliche Eigenschaften: Teige aus Wasser und Mehl sorgen für eine knusprige Konsistenz und färben sich beim Braten leicht gelblich. Teighüllen aus aufgelöster Stärke und Eiweiß sind weich und verleihen den Gerichten eine weiße Farbe. Aufgelöste Stärke und verquirltes Eigelb sorgen hingegen für eine goldbraune Hülle. Bei einem Überzug aus Ei und Mehl werden die Zutaten zunächst mit Mehl bestäubt und anschließend in das verquirlte Ei getaucht. Anstelle des Mehls werden gelegentlich auch Semmelbrösel zum Panieren verwendet, die dem Gericht eine goldgelbe Farbe und eine besonders knusprige Hülle verleihen.

## Feine Saucen

Sehr häufig werden Speisen und Saucen kurz vor Ende des Kochvorganges leicht angedickt. Hierzu wird entweder in Wasser gelöste Speisestärke direkt in den Wok gegeben oder die Stärkemischung wird mit der Sauce zunächst in einer separaten Pfanne erhitzt und erst dann über die fertig angerichtete Speise gegeben. Durch das Andicken verbinden sich die einzelnen Zutaten mit der Sauce und das Gericht bekommt eine weichere, sämige Konsistenz. Je nach Gericht gibt es dazu zwei unterschiedliche Methoden: Entweder werden Stärke, Sojasauce, Salz, Zucker, Essig und Wasser miteinander vermischt und die Mischung wird erst kurz vor Ende der Garzeit zum Gericht gegeben. Oder aber alle Gewürze werden direkt in Wok oder Pfanne gegeben und können bereits während des Kochens oder Bratens ihr Aroma entfalten. Gegen Ende des Kochvorganges wird dann die in Wasser aufgelöste Stärke hinzugefügt und noch einmal kurz aufgekocht.

# Aus der chinesischen Speisekammer

Bei der Auswahl der Zutaten sind sowohl Nährwert, als auch Farbe, Aroma, Geschmack und Form wichtig. Bei der Kombination wird stets darauf geachtet, dass die Zutaten in der Konsistenz und Struktur zueinander passen, sodass die Kochzeit und -temperatur nahezu identisch sind. Die Farben der Produkte werden so ausgewählt, dass sie miteinander harmonieren oder aber reizvolle Kontraste bilden. Auch bei der Formgebung wird sowohl auf Harmonie als auch auf Vielfalt geachtet.

Viele der in der chinesischen Küche verwendeten Zutaten sind inzwischen auch hierzulande erhältlich.

## Obst und Gemüse *(shuiguo he shucai)*

### Algen / Gemüse des Meeres *(haicao)*

Zahlreiche Algenarten werden in Asien zur Gewinnung von Produkten wie Agar-Agar oder Glutamat verwendet, aber auch direkt verzehrt. Besonders häufig sind die dunkelvioletten bis schwarzen ***Norialgen,*** die häufig getrocknet und geröstet angeboten werden. Die Algenblätter werden in kleine Streifen geschnitten, um beispielsweise Tofuröllchen herzustellen. Eine weitere beliebte Algenart ist ***Wakame,*** die für Suppen und Salate verwendet wird.

***Agar-Agar*** ist die rein pflanzliche Alternative zur Gelatine, das als Pulver oder in Streifen angeboten wird. Das geschmacksneutrale Verdickungsmittel wird vor allem aus einer Rotalge gewonnen und in der Lebensmitteltechnik für Gelees, Puddings oder Cremes verwendet. Das Pulver kann sehr sparsam eingesetzt werden. Ein Teelöffel Agar-Agar ist so ergiebig wie acht Blatt Gelatine. Für die Herstellung von Gelees wird das Agar-Agar in heißem Wasser aufgelöst, anschließend werden Süßungsmittel, Gewürze und Obst oder Gemüse hinzugefügt. Beim Abkühlen wird die Masse fest. In der chinesischen Küche wird das Bindemittel beispielsweise zur Zubereitung von Süßspeisen wie Mandel- oder Kokosnusspudding verwendet.

**Auberginen *(qiezi)***

Die Auberginen oder Eierfrüchte zählen zu den beliebtesten Sommergemüsearten Chinas. Im Süden werden dünne längliche Sorten, im Norden eher Kulturformen mit kleineren Früchten bevorzugt. Ihre Farbpalette reicht von Schwarz- und Dunkelviolett bis Gelb oder fast Weiß.

Auberginen sollten nicht roh, sondern gedünstet, gebraten oder gekocht verzehrt werden. Häufig werden die Eierfrüchte vor dem Kochen in Scheiben geschnitten und gesalzen, dadurch verlieren sie nicht nur Wasser, sondern auch die in einigen Sorten enthaltenen Bitterstoffe. Beim Braten saugen sie extrem viel Fett auf.

**Bambussprossen *(zhusun)***

Der Bambus zählt zu den wichtigsten Naturprodukten Chinas. Er dient nicht nur als Baumaterial und zur Papierherstellung, sondern ist auch ein beliebtes Nahrungsmittel. Bei den für chinesische Gerichte typischen Bambussprossen handelt es sich um die jungen Triebe der Bambuspflanze. Die frischen Sprossen haben ein festes und helles Fleisch und sind von haarigen Blättern umgeben, die vor der Weiterverarbeitung entfernt werden.

In der chinesischen Küche werden sie in Saucen, aber auch als Gemüsebeilage für vegetarische Gerichte verwendet. Roh darf der Bambus nicht verzehrt werden, da er neben den Bitterstoffen auch das toxische Blausäureglykosid enthält, das erst durch das Kochen neutralisiert wird. Hierzulande werden vorgegarte Bambussprossen in der Dose oder im Glas angeboten, vor der Weiterverarbeitung müssen sie gründlich gespült werden. Bambusblätter werden in China zum Aromatisieren von Wein verwendet und dienen zum Einwickeln der beliebten Reisklöße, die traditionell zum Drachenbootfest verzehrt werden.

**Birnen *(li)***

Eine besondere Birnenart, die in China verzehrt wird, ist die ***Nashibirne,*** die auch Japanische oder Chinesische Birne genannt wird. *(Nashi* bedeutet im Japanischen »Birne«). Ursprünglich stammt die Birne aus China, wird heute aber auch in anderen asiatischen und europäischen Ländern angebaut. Sie ähnelt im Aussehen eher einem Apfel, hat ein saftiges Fruchtfleisch, die Schale ist hart und rau. Nashis werden roh, gefüllt und gedämpft gegessen.

**Bocksdorn *(gouqi)***

Der Gemeine Bocksdorn, auch Chinesische Wolfsbeere genannt, zählt zu den Nachtschattengewächsen. Der Strauch bringt rote Früchte hervor, die im Sommer geerntet und meist getrocknet im Handel angeboten werden. Bocksdornfrüchte sind eine überaus wichtige Zutat in der chinesischen Küche und ein ebenso wichtiger Bestandteil der Traditionellen Chinesischen Medizin, in der die Früchte beispielsweise gegen Bluthochdruck oder zur Stärkung des Immunsystems angewendet werden.

Die getrockneten Bocksdornfrüchte werden entweder gekocht oder auch roh zu den unterschiedlichsten Speisen gegeben.

**Ginkgonüsse *(baiguo)***

Ginkgonüsse sind die Früchte des Ginkgobaumes. Der chinesische Name lässt sich ursprünglich vom Chinesischen *yin xing* (»Silberaprikose«) herleiten und soll auf die silbern schimmernden Samen hinweisen. Heutzutage ist die Frucht allerdings in China als *baiguo* (»weißes Obst«) bekannt.

Die gelben, mirabellenähnlichen Samen haben eine äußere harte und innere weiche Schale, die nach dem Reifeprozess einen unangenehmen Buttersäuregeruch entwickelt. Die geschälten Früchte müssen vor der eigentlichen Verwendung gegart werden. Sie werden in der chinesischen Küche vorwiegend als Suppeneinlage, Gemüsebeilage oder als Knabberei verwendet. Bei uns sind die Früchte meist nur als Konserven, getrocknet oder eingeschweißt erhältlich. Die Früchte sollten nicht zu häufig verwendet werden. Der übermäßige Verzehr kann zu Vergiftungserscheinungen führen, da die Früchte einen Gegenspieler des Vitamins $B_6$ enthalten.

In der Traditionellen Chinesischen Medizin werden die Ginkgonüsse als Mittel gegen Asthma, Husten und Blasenreizungen und zur Verdauungsförderung verwendet.

**Gurken *(huanggua)***

Gurken gehören zur Familie der Kürbisgewächse, sie gedeihen sowohl in tropischen als auch gemäßigten Gebieten. Sie werden in der chinesischen Küche vor allem roh oder eingelegt für Vorspeisen verwendet. Die grünen Gemüsegurken, die in China in den Handel kommen, haben meist nur die Größe von Gewürzgurken.

**Jujube *(hongzao)***

Die Jujube ist auch als Chinesische Dattel bekannt und stammt aus der Familie der Kreuzdorngewächse. Jujubenfrüchte haben ein hellgelbes Fruchtfleisch und die Form von Datteln, getrocknet sind sie mehlig und schmecken leicht süßlich. Die getrockneten Beeren haben eine rote Farbe und gelten in China als wichtiges Arzneimittel, das beispielsweise bei Erkältungskrankheiten angewendet wird, daher auch der Beiname »Brustbeere«.

Jujubenfrüchte werden hierzulande meist nur getrocknet angeboten, vor der Weiterverarbeitung müssen sie kurz in heißem Wasser quellen. Sie verleihen den Gerichten eine leicht süße Note. Sie werden sowohl in Salaten als auch in Suppen und Reisspeisen verwendet.

**Lotos *(lianou)***

Der Lotos gilt in China als Symbol der Reinheit und zählt zu den sogenannten »Acht Buddhistischen Kostbarkeiten«. Mit dem Begriff »Lotos« werden meist rosafarbene oder blaue Blüten oder die großen Blätter, die die Eigenschaft besitzen, Wasser abzuweisen, verbunden. Dass auch die Wurzeln des Lotos verzehrt werden können, ist hierzulande noch relativ unbekannt. Die Wurzeln sind reich an Eiweiß, Kohlenhydraten und Vitaminen. Auch die Kerne in den Lotosfruchtständen sind zum Verzehr geeignet und werden beispielsweise als Suppeneinlage verwendet. Ihnen wird eine beruhigende Wirkung nachgesagt. Aus den Kernen lässt sich außerdem mit Zucker eine süße Lotospaste herstellen, die beispielsweise zum Füllen von süßen Dampfbrötchen oder Mondkuchen verwendet wird. Hierzulande sind die Lotoskerne allerdings meist nur getrocknet in asiatischen Lebensmittelgeschäften erhältlich, während die Lotoswurzeln mittlerweile auch frisch oder tiefgefroren angeboten werden.

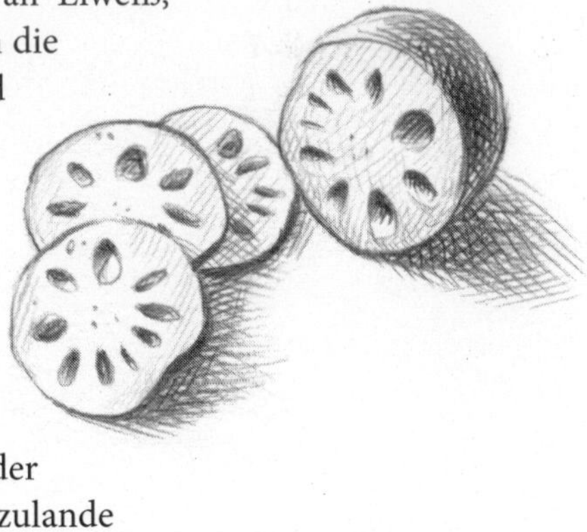

In den Lotosblättern können ähnlich wie in Bambusblättern Speisen gegart werden.

**Kartoffeln *(tudou)***

Kartoffeln werden vor allem im Norden Chinas angebaut. In der chinesischen Küche werden sie meist in Streifen geschnitten und mit anderen Gemüsezutaten gebraten. In Nordchina werden auch gerne frittierte Kartoffelklöße serviert.

**Kürbisse *(nangua)***

Die Auswahl an Kürbisarten ist groß, wobei der ***Hokkaido*** und der ***Moschuskürbis*** in China am häufigsten anzutreffen und nahezu das gesamte Jahr über erhältlich sind. Kürbisse werden in der chinesischen Küche sowohl für pikante Speisen als auch für gedämpfte Brötchen oder süße Gerichte wie Kürbiskuchen verwendet. Kürbiskerne werden geröstet und gerne auch aromatisiert als Snack angeboten.

**Pak Choi *(baicai)***

Pak Choi wird auch als Senfkohl bezeichnet und ist mit dem Chinakohl verwandt, auch wenn er in seinem Aussehen eher an Mangold erinnert. Die Blätter sind dunkelgrün und können sowohl als gekochtes Gemüse als auch als Salat verwendet werden. Unterschieden werden der Baby Pak Choi mit seinen kleineren Köpfen und der Shanghai Pak Choi mit grünen Blattrippen. Pak Choi sollte so frisch wie möglich verwendet werden, da er viel Flüssigkeit enthält und schnell trocken wird. Pak Choi ist reich an Mineralstoffen wie Kalzium und an Vitaminen. Außerdem enthält er Senföle, die eine antibiotische und reinigende Wirkung besitzen.

**Pilze *(mogu)***

In der chinesischen Küche spielen Pilze eine wichtige Rolle und es gibt eine ausgesprochen große Artenvielfalt. Einige Pilzarten werden frisch verarbeitet, andere werden in getrockneter Form angeboten und müssen vor der Zubereitung in Wasser eingeweicht werden. Die Einweichflüssigkeit wird auch gerne benutzt, um vegetarische Gerichte zu würzen. Einige Pilzarten enthalten natürliches Glutamat. Zu den typischen chinesischen Pilzarten gehört das »Judasohr« (in Nordchina ***Mu Err*** genannt). Durch seine gallertartige Konsistenz eignet er sich nur zum Kochen, beim Braten wird er glasig. Der ***Enokipilz*** ist ebenfalls ein in China sehr beliebter Speisepilz, der in kleinen Bündeln wächst. Die ***Shiitake***- oder ***Tongkupilze*** zählen zu den Pilzen, die in der chinesischen Küche am häufigsten Verwendung finden. Die Traditionelle Chinesische Medizin schätzt sie als Heilpilze, die bei verschiedenen Leiden eingesetzt werden. Sie werden frisch oder getrocknet im Handel angeboten. Die getrockneten Pilze werden kurz in Wasser eingeweicht, die Flüssigkeit kann anschließend zum Würzen von Speisen verwendet werden. Die holzigen Stiele werden abgetrennt und nicht verwendet. In sehr seltenen Fällen können die Shiitakepilze auf der Haut Unverträglichkeitsreaktionen hervorrufen.

Eine besonders edle Sorte sind die weißlichen ***Silbermorcheln,*** die auch für süße Suppen verwendet werden. Sie werden getrocknet angeboten und müssen vor der weiteren Verwendung in warmem Wasser eingeweicht werden. Im Anschluss daran werden sie geputzt und von den festen Stielen befreit.

### Rettiche *(luobo)*

Rettich gehört zur Gattung der Kreuzblütengewächse. Er enthält viel Vitamin C und einige Vitamine der B-Gruppe, außerdem liefert er reichlich Mineralstoffe sowie sekundäre Pflanzenstoffe, die eine antibiotische Wirkung besitzen.

Ein sehr beliebter Vertreter der Rettichfamilie ist der ***Daikonrettich*** oder Chinesische Rettich. Er wird als Salat zubereitet oder für Rettichkuchen verwendet. Für die Zubereitung dieser Gerichte kann anstelle des Daikonrettiches auch jede andere Rettichsorte verwendet werden.

### Süßkartoffeln *(digua)*

Süßkartoffeln oder Bataten haben meist eine dunkelrosa Schale und schmecken leicht süßlich. In der chinesischen Küche werden sie daher nicht nur pikant, sondern auch als Süßspeise zubereitet. Ursprünglich kamen die Süßkartoffeln aus Südamerika und gelangten erst im Laufe der Zeit nach China, wo sie vor allen Dingen in den südlichen Regionen angebaut werden. Die Knollen sind reich an Stärke und liefern Vitamine und Mineralstoffe wie Kalzium. Gegarte Süßkartoffeln werden von chinesischen Händlern vor allem im Spätsommer und im Herbst auf der Straße als Snack angeboten.

**Wasserkastanien *(biqi)***

Die Chinesische Wasserkastanie zählt zur Familie der Sauergräser. Das Fleisch der kastanienähnlichen Knollen ist weiß, knackig und schmeckt süßlich. In China trägt die Wasserkastanie verschiedene Namen, *biqi* ist die häufigste Form, im Kantonesischen wird sie aufgrund ihrer Form und Farbe auch *mati* (»Pferdehuf«) genannt.

Wasserkastanien geben vegetarischen Gerichten den richtigen »Biss« und eine gewisse Süße. Sie eignen sich hervorragend zum Kochen, selbst nach langer Kochzeit verlieren sie nichts von ihrer festen Konsistenz. Die Wasserkastanien können aber auch roh als Salat verwendet werden. Hierzulande werden Wasserkastanien vor allem als Konserven angeboten. Wenn möglich, sollten aber frische Knollen verwendet werden, die vor der weiteren Verarbeitung kurz blanchiert werden müssen.

**Wassermelonen *(xigua)***

Die Wassermelone wurde aus Vorderasien nach China gebracht, daher die chinesische Bezeichnung *xigua,* (»Westkürbis«). Vor allem in den Sommermonaten werden die Früchte in China von Straßenhändlern preiswert angeboten. In vielen Restaurants werden aufgeschnittene Wassermelonen als Abschluss nach dem Essen kostenlos serviert. Speziell auf Hainan werden Salz und Chilipulver auf die rohen Wassermelonen gestreut, um den Früchten einen süßen, salzigen und scharfen Geschmack zugleich zu verleihen. Die Melone wird aber nicht nur roh verzehrt, sondern kann auch in einem Teigmantel frittiert werden. Die Kerne der Wassermelone werden geröstet als Snack angeboten oder als Zutat in Gerichten wie dem bekannten Pudding der »Acht Kostbarkeiten« verwendet.

**Yamswurzeln *(shanyao)***

Yamswurzeln werden vorwiegend in tropischen Gebieten angebaut. Das weißliche Fruchtfleisch der dunkelbraunen, länglichen Wurzeln schmeckt ein bisschen wie Kartoffeln und darf nicht roh verzehrt werden. Die unterirdischen Knollen, die eine Länge von bis zu zwei Metern erreichen können, sind reich an Kalium und Provitamin A. Viele Yamswurzelsorten werden sowohl als Nahrungsmittel als auch als Heilmittel angepflanzt. In China wird Yams sowohl für süße als auch für pikante Speisen verwendet.

## Getreide und Getreideprodukte *(guwu he guwushipin)*

### Mehl *(mianfen)*

In der chinesischen Küche wird das Mehl verschiedener Getreidearten verwendet, vor allem aber Weizen-, Reis- und Maismehl. Aus den Mehlen werden zusammen mit etwas Wasser beispielsweise einfache Nudeln oder Fladen hergestellt, die ihre Würze dann durch die übrigen Zutaten des Gerichtes erhalten. Besonders typisch für die asiatische Küche allgemein ist die Verwendung von Mehlen aus Langkornreis oder aus Klebreis. Das Reismehl enthält im Gegensatz zu anderen Getreidemehlen kein Gluten. Das Reismehl mit dem geringsten Stärkeanteil wird *tian mien* genannt. Aus diesem Mehl werden beispielsweise auch Reisnudeln zubereitet. Aus Klebreismehl wird der beliebte Reiskuchen *(niangao)* zubereitet, der vor allem zum chinesischen Neujahrsfest serviert wird. Dazu wird Klebreismehl mit etwas Wasser zu einem geschmeidigen Teig verarbeitet, flach in eine Schüssel ausgestrichen und über Wasserdampf gegart. Nach dem Abkühlen wird der Teig in kleine Stücke geschnitten und in der Pfanne gebraten. Fertiger Reiskuchen, der nur noch gebraten werden muss, ist in asiatischen Lebensmittelgeschäften erhältlich.

### Nudeln *(miantiao)*

Im Norden Chinas, wo im Vergleich zum Süden mehr Weizen angebaut wird, haben Nudeln dem Reis den Rang abgelaufen und besonders hier sind viele verschiedene Nudelgerichte entstanden. Nudeln gelten allerdings in China gemeinhin als Snack, der vor allem in Straßenimbissen und weniger in Restaurants angeboten wird. Vor allem die Nudeln aus Lanzhou gelten überall in China als besondere Spezialität, da sie noch von Hand hergestellt werden. Eiernudeln, Hauptbestandteil der sogenannten Asia-Instant-Nudelsuppen, sind dagegen eine kantonesische Spezialität. Im Süden und Osten des Landes serviert man häufig dünne Glasnudeln *(fensi)* aus Mungbohnenmehl. Diese werden in Strängen gebündelt im Handel angeboten. Im getrockneten Zustand sind sie weiß, durch die Zubereitung werden sie durchsichtig. Glasnudeln sind sehr schnell fertig, da sie nicht wie andere Nudelsorten gekocht werden müssen, sondern lediglich kurz in kochend heißem Wasser eingeweicht werden. Allerdings können sie auch frittiert oder gebraten werden. Reisnudeln werden aus Reismehl hergestellt. Sie sind im Handel ebenso wie die Glasnudeln in getrockneter Form erhältlich und müssen nur kurz gekocht werden.

### Reis *(mifan)*

Reis zählt zu den wichtigsten landwirtschaftlichen Produkten Chinas und wird auf etwa einem Drittel der Anbauflächen produziert. Vor allem in der süd- und westchinesischen Küche ist er eines der wichtigsten Grundnahrungsmittel. Die kulturelle Bedeutung für die Chinesen zeigt sich beispielsweise an dem Verb »essen«, das in der chinesischen Sprache *chi fan* (»Reis essen«) lautet. In China werden sowohl Langkorn- als auch Klebreis verwendet. Traditionell wird der weiße, polierte Reis gegessen, dem im Gegensatz zum Naturreis viele Vitamine wie Vitamin $B_1$ und Mineralstoffe fehlen.

***Langkornreis*** zeichnet sich durch einen geringeren Stärkeanteil aus und wird als Beilage serviert. Für die Zubereitung wird entweder ein normaler Kochtopf oder ein Reiskocher verwendet. Die Körner sollten vor dem Garen gewaschen werden, damit sie nicht zu klebrig werden. Um dem Reis eine trockenere Konsistenz zu verleihen, kann in den Topfdeckel ein sauberes Geschirr- oder Handtuch gespannt werden, das den Wasserdampf aufnimmt.

***Klebreis*** hat einen hohen Stärkeanteil, sodass die Reiskörner beim Kochen besonders stark verkleben. Vor dem Garen sollte der Klebreis etwa zwei Stunden in kaltem Wasser eingeweicht und anschließend etwa zwanzig Minuten gekocht werden, bevor er weiterverarbeitet wird. Er eignet sich vor allem für Füllungen, Reisklöße oder Reissuppen. Klebreis wird auch gerne in Bambusblätter eingewickelt und mit verschiedenen Zutaten wie rote Bohnenpaste, Erdnüsse oder Eier gefüllt.

### Seitan *(mianjin)*

Seitan, dessen Entwicklung vegetarisch lebenden chinesischen Mönchen zugeschrieben wird, wird im Chinesischen als *mianjin* bezeichnet. Seitan wird fertig zubereitet angeboten, lässt sich aber auch relativ schnell aus einem einfachen Mehlteig aus Weizenmehl selbst herstellen. Dazu wird das Mehl mit Wasser zu einem geschmeidigen Teig verarbeitet. Nach einer Ruhephase wird der Teig mit kaltem und warmem Wasser ausgewaschen. Dadurch wird die Stärke entfernt, zurück bleibt das Weizeneiweiß (Gluten) in Form einer zähen Masse. Der Teig wird anschließend entweder in Stücke geschnitten oder im Ganzen in Brühe gekocht, gedämpft oder frittiert. Vor der eigentlichen Zubereitung kann Seitan im Kühlschrank gelagert oder eingefroren werden.

### Speisestärke *(dianfen)*

Zum Binden von Saucen wird in China vor allem Speisestärke verwendet. Sie soll die einzelnen Zutaten mit der Sauce verbinden und dem Gericht eine geschmeidige Beschaffenheit verleihen. Die Stärke wird überwiegend aus Kartoffeln oder Getreide wie beispielsweise Weizen gewonnen. In China wird häufig auch die Stärke aus Reis oder Mais verwendet, um damit Saucen zu binden oder auch um daraus einen Teigmantel für diverse Süßspeisen herzustellen. In den Provinzen Zhejiang und Jiangsu, wo viel Lotos angebaut wird, wird Speisestärke aus den Lotoswurzeln gewonnen, diese gilt als regionale kulinarische Spezialität.

## Hülsenfrüchte *(doulei)*

### Adzukibohnen *(hongdou)*

Als Rote Bohnen werden die Adzukibohnen bezeichnet, die in China gerne verwendet werden. Aus ihnen wird vor allem rote Bohnenpaste *(dou sha)* hergestellt, die für Süßspeisen verwendet wird. Die gesüßte, dunkelrote Paste stammt ursprünglich aus der vegetarischen Buddhistenküche Chinas. Die Bohnenpaste ist in asiatischen Lebensmittelgeschäften erhältlich, kann aber auch selbst hergestellt werden: Dazu werden die Adzukibohnen gekocht, anschließend fein püriert und mit Zucker oder Honig gesüßt. Die Hülsen der Bohnen können auch entfernt werden, um eine homogenere Masse zu erhalten. Die Paste wird in China beispielsweise zum Füllen von Mondkuchen, Sesambällchen oder Reisklößen verwendet.

### Dicke Bohnen *(candou)*

Die Dicke Bohne ist auch als Acker-, Fava-, Sau- oder Puffbohne bekannt. Die Schoten enthalten bis zu acht Millimeter dicke Samen, die entweder frisch oder getrocknet im Handel erhältlich sind. Da die Bohnen ebenso wie andere Bohnenarten einen Giftstoff enthalten, der erst durch den Kochvorgang zerstört wird, dürfen sie nicht roh verzehrt werden. Die getrockneten Bohnen müssen über Nacht eingeweicht werden, frische Bohnen werden meist in etwas Öl angebraten oder in wenig Flüssigkeit gegart.

### Schlangenbohnen *(biandou)*

Die Schlangen-, Lang- oder Spargelbohne wird häufig im südlichen China angebaut. Ihren Namen verdanken die grünen Schlangenbohnen ihrer außergewöhnlichen Länge von dreißig bis neunzig Zentimeter. Sie sind eine gute Quelle für Eiweiß, Vitamine und Mineralstoffe. In der chinesischen Küche werden sie gerne zusammen mit Knoblauch oder mit Kartoffeln gebraten. Wenn keine Schlangenbohnen erhältlich sind, können für die Zubereitung auch hierzulande handelsübliche grüne Bohnen verwendet werden.

### Sojabohnen *(dadou)*

Sojabohnen zählen aufgrund ihres hohen Gehaltes an hochwertigem Eiweiß zu den wichtigsten Nahrungsmitteln Chinas. Sie sind reich an Mineralstoffen und Vitaminen, das Öl enthält reichlich mehrfach ungesättigte Fettsäuren.

Die Bohnen werden zu einer Vielzahl von Produkten wie Sojamilch, Tofu, Sojaöl oder Sojasauce weiterverarbeitet. Typisch für die chinesische Küche ist die Verwendung von Sojaprodukten, um Fleisch- und Fischgerichte nachzuahmen.

### Sojaschnetzel und Sojagranulat *(wenli zhiwu danbei)*

Sojaschnetzel und -granulat sind keine traditionellen Zutaten der chinesischen Küche. Sie eignen sich aber besonders gut, um vegetarische Varianten bekannter Gerichte wie »Löwenköpfchen« oder »Ameisen klettern auf Bäume« zuzubereiten. Sojaschnetzel werden aus teilentfettetem Sojamehl hergestellt. Das Sojamehl wird dazu erhitzt, gepresst und zu einer fleischähnlichen Konsistenz extrudiert. Für Sojagranulat werden die Sojabohnen gereinigt und getoastet, anschließend werden sie geschrotet und das Granulat wird ausgesiebt.

Sojaschnetzel und Sojagranulat haben einen geringen Eigengeschmack und nehmen schnell das Aroma der verwendeten Gewürze an. Vor der eigentlichen Verwendung müssen die Produkte einige Minuten in Flüssigkeit aufquellen und können dann weiterverarbeitet werden. Sie sind im Reformhaus oder im Naturkostladen erhältlich.

### Sojasprossen *(faya dadou)*

Sojasprossen werden aus grünen Mungbohnen gezogen. Die jungen Sprossen haben eine weiße Farbe und eine feste Konsistenz und verfügen über einen relativ geringen Eigengeschmack. Im Kühlschrank können sie in einem geschlossenen Gefrierbeutel etwa drei Tage aufbewahrt werden. Da frische Sojasprossen schnell verderben, sollten sie dennoch möglichst zügig verarbeitet und einmal täglich unter fließendem Wasser abgespült werden. In China werden die Sprossen vor allem aufgrund ihres hohen Gehaltes an Eiweiß und ihrer knackigen Konsistenz geschätzt. Sie werden vor der eigentlichen Verwendung kurz blanchiert und dann als Salat zubereitet oder mit anderen Zutaten in warmen Speisen kombiniert.

### Tofu *(doufu)*

Tofu bildet die Grundlage für viele vegetarische Gerichte in China. Er wird in verschiedenen Formen im Handel angeboten: als weißer Tofublock, fermentiert oder geräuchert, als Tofuhaut oder als frittierte Tofuwürfel *(zha doufu)*.

Tofu wird unter Zugabe eines Gerinnungsmittels aus Sojamilch hergestellt. Die Milch wird dickgelegt und trennt sich in Molke und Eiweiß. Die Eiweißflocken werden abgetrennt und zu Blöcken gepresst. Dieser Sojabohnenkäse hat eine feste, quarkähnliche Konsistenz und ist relativ geschmacksneutral. Daher kann er sehr vielseitig zu pikanten wie zu süßen Gerichten verarbeitet werden. Im Kühlschrank kann Tofu einige Tage aufbewahrt werden, wenn er mit Wasser, das allerdings täglich gewechselt werden muss, bedeckt wird.

***Fermentierter Tofu*** *(doufu ru)* wird unter der Zugabe von Salz, Reiswein, Gewürzen und Zucker hergestellt und muss mehrere Monate reifen. Vor allem die weiße Sorte verfügt über einen ausgeprägten Eigengeschmack, der stark an westliche Käsesorten erinnert.

***Geräucherter Tofu*** *(dou gan)* ist eine besondere Delikatesse aus der Stadt Chengdu in der westchinesischen Provinz Sichuan. Auch hierzulande wird die beliebte Tofusorte in Scheiben geschnitten und vakuumverpackt angeboten.

Eine weitere Tofuspezialität ist ***Tofuhaut*** *(doupi)*, die in der japanischen Küche als Yuba bekannt ist. Bei Tofuhaut handelt es sich um die Haut, die sich während der Tofuherstellung auf der heißen, frischen Sojamilch bildet und vorsichtig abgeschöpft werden kann. Anschließend wird sie zum Trocknen aufgehängt. In China ist sie in vielen unterschiedlichen Formen erhältlich: gerollt, gefaltet, als ganze Blätter oder in Streifen geschnitten. Hierzulande ist Tofuhaut in gut sortierten asiatischen Lebensmittelgeschäften erhältlich und kann je nach Rezept unterschiedlich eingesetzt werden: Nachdem sie in Wasser eingeweicht oder mit einem nassen Tuch befeuchtet wurde, dient sie zum Einwickeln von Füllungen, die anschließend gebraten, frittiert oder gedünstet werden, oder sie wird in Suppen oder Salaten verwendet. Tofuhaut wird im Handel frisch oder getrocknet angeboten. Zwischen den einzelnen Produkten gibt es erhebliche geschmackliche Unterschiede.

Eine weitere kulinarische Köstlichkeit sind ***frittierte Tofuwürfel,*** die vorbereitet angeboten werden und vor dem Verzehr noch einmal kurz frittiert werden. Um gebratene Tofuwürfel selbst herzustellen, wird frischer Tofu in kleine Würfel geschnitten und so lange in Öl frittiert, bis er leicht aufgeht und eine goldgelbe Farbe angenommen hat.

## Küchenkräuter und Gewürze *(xiangcao he xiangxinliao)*

### Chilischoten *(lajiao)*

Die Bewohner der westchinesischen Provinzen Sichuan und Hunan verwenden in ihren Gerichten gerne Chilischoten und kombinieren sie häufig mit Sichuanpfeffer, was den Gerichten nicht nur eine besondere Schärfe, sondern auch eine gewisse Raffinesse verleiht. Die scharfen Schoten würzen Appetizer, Suppen oder Gemüsegerichte, je nach Region gibt es besondere Spezialitäten wie *mantou* mit Chili in Shanxi oder mit Salz und Chilipulver gewürzte Wassermelonen auf Hainan. Chilis sind reich an Vitaminen, steigern den Appetit und sollen rheumatische Beschwerden lindern.

### Chinesischer Schnittlauch *(jiucai)*

Es gibt zwei Sorten dieses Schnittlauchs: eine Sorte mit flachen, lauchähnlichen, dunkelgrünen oder hellgrünen Blättern und eine weitere Sorte mit röhrenförmigen Blättern und einer Blüte an der Spitze, sie trägt die Bezeichnung *jiucai hua* (»blühender Schnittlauch«).

Der Schnittknoblauch oder Chinesische Schnittlauch *(jiucai)*, der bei uns auch unter der Bezeichnung »Knoblauchgras« angeboten wird, wird häufig in der chinesischen Küche verwendet. Seine Blätter sind flacher als die des hiesigen Schnittlauchs und besitzen entweder eine dunkelgrüne oder eine gelbe Farbe. Benutzt werden die Blätter, die leicht nach Knoblauch schmecken, allerdings ohne dabei den unliebsamen Geruch zu produzieren. Dem *jiucai* wird darüber hinaus auch eine antibakterielle Wirkung zugeschrieben. Die chinesische Provinz Shanxi gilt als der Ursprungsort des Schnittknoblauchs. Der *jiucai* kann roh verwendet oder auch gekocht oder gebraten werden. Bei empfindlichen Personen kann es gelegentlich zu Unverträglichkeitsreaktionen nach dem Verzehr von *jiucai* kommen, weshalb er dann durch normalen Schnittlauch oder andere Kräuter ersetzt werden sollte.

### Chinesischer Zimt *(guipi)*

Die Zimtkassie zählt zur Familie der Lorbeergewächse und liefert den Kassiazimt oder Chinesischen Zimt. Für diese Zimtart wird die Rinde der Zimtkassienzweige abgeschält und getrocknet. Ein feineres Aroma, aber auch einen höheren Preis hat der Ceylonzimt, der vorwiegend in Sri Lanka und Indien aus der Rinde der jungen Triebe des Zimtbaumes gewonnen wird. Da er im Vergleich zum Kassiazimt nur geringe Mengen an gesundheitsschädlichem Cumarin enthält, sollte bei der Speisenzubereitung vorwiegend Ceylonzimt verwendet werden.

### Fünf-Gewürze-Pulver *(wuxiangfen)*

Das Fünf-Gewürze-Pulver ist eine asiatische Gewürzmischung, bei der Sternanis, Sichuanpfeffer, Chinesischer Zimt, Fenchelsamen und Gewürznelken zu gleichen Anteilen gemischt und vermahlen werden. Das Gewürz verleiht Saucen, aber auch vielen vegetarischen Gerichten und Snacks wie gekochten Erdnüssen oder Tee-Eiern ein besonderes Aroma.

### Ingwer *(jiang)*

Frische Ingwerwurzeln werden in der chinesischen Küche wegen ihrer Würzeigenschaften und ihrer Heilwirkung geschätzt. Ingwer duftet mildwürzig, kann andere intensive Gerüche abschwächen und verleiht den Speisen dabei eine leicht scharfe Note. Die Wurzel wird geschält und in Streifen oder Scheiben geschnitten oder auch gerieben verwendet. Der frische Ingwer kann gut verpackt im Kühlschrank drei bis vier Wochen gelagert werden, bei Bedarf ist so immer frischer Ingwer zur Hand.

Bei einigen Gerichten wird Ingwersaft *(jiang zhi)* verwendet. Er ist beispielsweise eine der Hauptzutaten von Ingwerpudding und würzt Dips, Gemüse und kalte Saucen. Ingwersaft kann man gelegentlich in asiatischen Lebensmittelgeschäften erwerben, ist aber auch relativ einfach selbst herzustellen: Der Ingwer wird geschält, auf einer Küchenreibe gerieben, dabei wird der bereits austretende Saft aufgefangen. Anschließend wird der geriebene Ingwer in ein Küchentuch gegeben und durch Wringen des Tuches ausgepresst.

### Knoblauch *(dasuan)*

Knoblauch wird sowohl als Gewürz für kalte als auch für warme Speisen wie Suppen, Saucen oder Gemüse- und Tofugerichten verwendet. Beim Braten sollte darauf geachtet werden, dass der Knoblauch nicht zu braun wird, da er dann schnell bitter wird.

Dem Knoblauch wird eine gesundheitsfördernde Wirkung zugeschrieben. Er stellt nicht nur eine wichtige Selenquelle dar, sondern wirkt auch antibakteriell, außerdem soll er die Blutfettwerte senken und vorbeugend gegen einige Krebsarten wirken.

**Koriander *(xiangcai)***

Koriander, die »chinesische Petersilie«, ist ein einjähriges Kraut, das zur Familie der Doldenblütler zählt. Vom Koriander können sowohl die Früchte, die nach Anis duften, als auch die Blätter verwendet werden. Während in Europa eher die Samen geschätzt werden, nutzt man in China vor allem das Kraut, das in seinem Aussehen der glatten Petersilie ähnelt. Der bitterscharfe Geschmack der Korianderblätter ist für viele Menschen sehr gewöhnungsbedürftig. Wer kein Korianderkraut verträgt oder mag, kann bei vielen Rezepten auch glatte Petersilie verwenden.

**Pfeffer *(hujiao)***

Der echte oder schwarze Pfeffer verleiht den chinesischen Gerichten eine scharfe Note und regt gleichzeitig den Appetit an. Ursprünglich stammt der Pfeffer aus Indien, wird allerdings in vielen Ländern Südostasiens und in Brasilien angebaut. Im Handel ist grüner, schwarzer, weißer und roter Pfeffer erhältlich. Bei dem grünen Pfeffer handelt es sich um die unreifen Früchte, die entweder in Salzwasser eingelegt oder getrocknet werden, wodurch sie ihre typische Farbe behalten. Der schwarze Pfeffer wird ebenfalls aus den unreifen Früchten gewonnen, die durch die Trocknung schwarz und leicht runzlig werden. Der rote Pfeffer sind die vollreifen und ungeschälten Früchte der Pflanze, die entweder eingelegt oder etwas seltener getrocknet werden. Der weiße Pfeffer wird vollreif geerntet und geschält.

**Reisessig *(micu)***

Häufig wird in der chinesischen Küche zum Würzen Reisessig verwendet, der aus Reiswein hergestellt wird. Da er über einen geringeren Säuregehalt verfügt, ist er im Vergleich zu anderen Essigsorten milder im Geschmack. Neben dem weißen gibt es roten und schwarzen Reisessig. Der weiße Reisessig eignet sich sowohl zum Kochen als auch zum Würzen, der rote zeichnet sich durch einen geringeren Gehalt an Säure aus und wird beispielsweise als Tunke für *jiaozi* verwendet. Der schwarze Essig hat den geringsten Säuregehalt und wird beispielsweise zur Verfeinerung von sauerscharfen Suppen verwendet.

**Reiswein *(mijiu* oder *lajiu)***

Zum Aromatisieren vieler chinesischer Speisen wird Reiswein verwendet, der unter Zugabe von verschiedenen Aromen aus hefevergorenem Reis hergestellt wird. Je nach Herstellungsverfahren hat Reiswein einen Alkoholgehalt von fünfzehn bis zwanzig Volumenprozent. Es werden verschiedene Qualitätsstufen unterschieden. Der bekannteste Reiswein ist der Shaoxing-Reiswein aus der gleichnamigen Stadt an der Ostküste, nahe der Metropole Shanghai, der auch hierzulande erhältlich ist. Dieser dunkelfarbige Wein verleiht vielen Gerichten aus dieser Region ihren unverwechselbaren Geschmack.

**Scharfe Bohnenpaste *(doubanjiang)***

Die scharfe Bohnenpaste hat eine rotbraune Farbe und ist mit einer Vielzahl von kleinen Chilisamen durchsetzt. Sie wird durch Fermentation aus Dicken Bohnen, scharfen Chilischoten, Mehl, Salz und Wasser hergestellt. Die bekannteste und beste Paste stammt aus Pixian, einer Stadt in der westchinesischen Provinz Sichuan.

Aufgrund ihrer Schärfe wird sie lediglich vorsichtig dosiert zum Kochen verwendet, zum Dippen ist sie keinesfalls geeignet.

**Sesam *(zhima)***

Sesamsamen werden zum Kochen oder zum Verfeinern von Gebäck (beispielsweise Sesambällchen) verwendet. Sesammus wird aus geschälten und ungeschälten Sesamsamen hergestellt und verleiht den Speisen eine leicht nussige Note. Es hat eine feste Konsistenz und kann daher auch zum Füllen von süßen Dampfbrötchen oder Mondkuchen verwendet werden. Wird es zum Würzen verwendet, beispielsweise Tofu mit Sesampaste, muss das Sesammus zuvor mit Wasser angerührt werden.

**Sichuanpfeffer *(huajiao)***

Der Sichuanpfeffer ähnelt in Aroma und Geschmack zwar dem normalen Pfeffer, ist mit diesem allerdings nicht verwandt. Bei dem leicht scharf schmeckenden Gewürz handelt es sich um die Früchte eines Rautengewächses, die getrocknet und meist als ganze Körner angeboten werden. Er wird in der chinesischen Küche aufgrund seiner Würzeigenschaften, aber auch wegen seiner gesundheitsfördernden Wirkung sehr geschätzt.

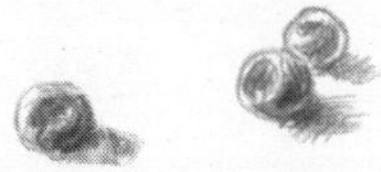

Sein Name leitet sich von der chinesischen Provinz Sichuan ab, in der er beheimatet ist. Ebenso wie beim Namen der Provinz sind neben Sichuanpfeffer auch die Schreibweisen Sechuan- oder Szetschuanpfeffer gebräuchlich.

Sichuanpfeffer ist nicht nur ein wichtiger Bestandteil des Fünf-Gewürze-Pulvers, sondern wird auch als Einzelgewürz für viele chinesische Speisen wie dem *mapo doufu* verwendet.

### Sojasauce *(jiangyou)*

Die aus fermentierten Sojabohnen gewonnene Würzsauce verleiht vielen chinesischen Gerichten ihren typischen Geschmack. Es gibt viele verschiedene Sorten, die sich nach Herstellungsverfahren, Geschmack und Aussehen unterscheiden. Helle Saucen sind dünnflüssiger, sehr salzig und färben das Gericht nicht ein. Dunkle Sojasaucen reifen länger und erhalten dadurch einen kräftigen, süßlichen Geschmack und eine kräftige dunkle Farbe. Da sie geschmacksintensiver als die hellen Sojasaucen sind, sollten sie allerdings sparsam verwendet werden.

### Sternanis *(bajiao)*

Die sternförmige Frucht eines immergrünen Magnoliengewächses verfügt über ein ausgeprägtes Aroma und spielt sowohl in der Heilkunde als auch in der Küche Chinas eine wichtige Rolle. Dem Sternanis wird beispielsweise eine verdauungsfördernde Wirkung zugeschrieben. Aufgrund des hohen Anteils an Anethol und weiteren aromatischen Verbindungen verfügt Sternanis über einen intensiven Geschmack mit süßlichen wie pikanten Nuancen. Er ist Bestandteil des Fünf-Gewürze-Pulvers. Damit er sein volles Aroma entfalten kann, wird er in Öl angebraten oder mit anderen Zutaten zusammen gekocht.

Im getrockneten oder pulverisierten Zustand ist Sternanis relativ lange haltbar, verliert allerdings im Laufe der Zeit an Aroma und Geschmack. Am besten wird er gut verschlossen in Gläsern aufbewahrt.

### Zucker und Kandiszucker *(shitang he bingtang)*

Zucker wird in China sowohl aus Zuckerrüben als auch aus Zuckerrohr gewonnen, wobei der Zuckerrübenanbau etwas jünger ist als der Anbau von Zuckerrohr. In den wärmeren Regionen wie den Provinzen Sichuan und Guangdong wird vor allem Zuckerrohr angebaut, während der Rübenanbau sich auf die nördlichen Provinzen Heilongjiang und die Innere Mongolei konzentriert. Anstelle von Kristallzucker wird in vielen chinesischen Gerichten speziell Kandiszucker verwendet. Meist wird der weiße Kandiszucker bevorzugt, der in der chinesischen Küche zur Herstellung von Snacks und Süßigkeiten wie den bekannten *bing tang hulu* (glasierte Früchte am Spieß) verwendet wird. Aber auch Suppen werden häufig mit Kandis zubereitet.

## Speiseöle *(shiyou)*

### Chiliöl *(lajiaoyou)*

In einigen Rezepten wird Chiliöl zum Würzen der Speisen verwendet. Dabei handelt es sich um Sojaöl, dass durch die Zugabe von Chili aromatisiert wird. Es ist fertig im Handel erhältlich. Allerdings werden in der chinesischen Küche oftmals vor der eigentlichen Zubereitung der Speisen Zutaten wie Chilis oder Knoblauch angeröstet, um das verwendete Öl zu aromatisieren. Nach einem kurzen Röstvorgang werden die Zutaten wieder aus dem Wok entfernt und die übrigen Zutaten darin gegart.

### Sojaöl *(douyou)*

Zum Frittieren wird in der chinesischen Küche meist Sojaöl verwendet. Das Öl zeichnet sich durch einen hohen Anteil an ungesättigten Fettsäuren wie Omega-3-Fettsäure aus. Heißgepresstes und raffiniertes Sojaöl liefert weniger wertvolle Inhaltsstoffe, beim Braten und Frittieren ist es aber besonders hitzestabil.

### Erdnussöl *(huashengyou)*

Erdnussöl wird aus den Erdnusssamen gewonnen und enthält viele essentielle Fettsäuren und reichlich Vitamin E. Während kaltgepresstes Erdnussöl einen nussigen Geschmack hat, ist raffiniertes Erdnussöl geschmacks- und geruchsneutral, da bei der Verarbeitung viele Inhaltsstoffe verlorengehen. Das Öl wird in der chinesischen Küche gerne zum Braten und Frittieren verwendet, da sein Rauchpunkt bei 230 °C liegt. Es lässt sich bei entsprechender kühler Lagerung bis zu einem Jahr aufbewahren, da es im Vergleich zu anderen Ölen weniger schnell ranzig wird.

**Rapsöl *(caiziyou)***

Rapsöl wird aus den Samen der Rapspflanze gewonnen. Das native, nicht raffinierte Öl ist durch seinen hohen Gehalt an ungesättigten Fettsäuren und fettlöslichen Vitaminen besonders wertvoll. Zum Braten kann das hitzestabilere, raffinierte Rapsöl verwendet werden, dessen Rauchpunkt über 160 °C liegt.

Rapsöl verstärkt den Eigengeschmack der verwendeten Zutaten und kann somit auch als Geschmacksverstärker eingesetzt werden.

**Sesamöl *(zhimayou)***

Bei Sesamöl wird zwischen einem hellen und einem dunklen Öl unterschieden. Das helle Öl wird aus dem ungerösteten Sesam gewonnen. Es ist weitestgehend geschmacksneutral und wird in der chinesischen Küche als Speiseöl verwendet. Das in Flaschen angebotene dunkle Sesamöl hingegen wird aus gerösteten Sesamsamen gewonnen und verfügt über einen intensiven Geruch und Geschmack, weshalb es sehr sparsam zur Verfeinerung von Gerichten verwendet wird. Zum Braten ist es nicht geeignet, meist wird es über das servierfertige Gericht geträufelt. Seine hervorragende Haltbarkeit lässt sich vor allem auf den hohen Anteil an unterschiedlichen Antioxidantien zurückführen.

# Hinweise zu den Rezepten

### Verwendete Abkürzungen

EL = Esslöffel
TL = Teelöffel
MSP = Messerspitze

### Mengenangaben

In China werden stets mehrere Speisen gleichzeitig serviert und jeder Speisende kann sich beim Essen davon bedienen. Besser ist es, immer etwas mehr zu kochen, sodass genug Essen vorhanden ist und niemand hungrig vom Tisch aufstehen muss. Bei den Mengenangaben für die Rezepte in diesem Buch wurde dies entsprechend berücksichtigt. Für vier Personen sind die einzelnen Gerichte meist eher knapp bemessen, da die Speisen in der Regel mit anderen kombiniert werden. Kommt nur ein Gericht auf den Tisch, sollten Sie bei den Zutatenmengen entsprechend großzügiger sein.

### Süßungsmittel

Zum Süßen werden in der chinesischen Küche traditionell hauptsächlich Kristall-, Kandis- und Puderzucker verwendet. Diese werden in den Rezepten auch so angegeben, um möglichst die Authentizität der Gerichte zu erhalten. Entscheiden Sie sich für die Art der Süße, die Ihrem Geschmack am besten entspricht. Sie können für die Rezepte auch Süßungsmittel auf der Basis von Voll- oder Roh-Rohrzucker verwenden oder bei einzelnen Rezepten weniger süßen.

### Menge der Gewürze

Die Angaben zur Menge der verwendeten Gewürze sind Durchschnittswerte. Prüfen Sie bitte im Einzelfall, was Ihnen schmeckt und bekommt und wie viel Sie verwenden möchten. Auf Glutamat, das in der chinesischen Küche häufig verwendet wird, wurde bewusst verzichtet.

### Bindemittel

Zum Binden der Saucen wird Speisestärke aus Mais verwendet. Anstelle der Maisstärke können auch andere Bindemittel Ihrer Wahl, beispielsweise Vollkornmehle oder Pfeilwurzelmehl, verwendet werden.

**Entsorgung des Frittierfettes**

In der chinesischen Küche, vor allem im Süden des Landes, werden viele Gerichte in Öl frittiert. Zur Entsorgung des Frittierfettes sei angemerkt, dass dieses nicht in den Ausguss geschüttet werden darf. Wenn es heißt, dass das Öl abgegossen werden soll, ist es so zu verstehen, dass es in entsprechende Flaschen oder Behälter abgefüllt wird und über örtlichen Sammelstellen entsorgt wird. Je nach Verunreinigung kann das Öl mehrfach verwendet werden.

# Vorspeisen und Salate

Zur Vorspeise werden vor allem leichte Gerichte wie gebratene Erdnüsse, eingelegtes Gemüse und Algen gereicht. Sie sollen den Appetit anregen und auf die weiteren Gänge vorbereiten. Zur Auswahl stehen meist mindestens vier Gerichte. Sie werden stets in gerader Anzahl serviert, da dies Glück für die Speisenden verheißt.
Kleine Snacks werden oft auch von Straßenhändlern angeboten.

## ***Knusprig gebratene Erdnüsse*** 酥油炸花生

*suyouzhao huasheng*

*250 g ungeröstete Erdnüsse*
*Salz*
*1 Ei*
*100 g Speisestärke*
*Fünf-Gewürze-Pulver, Currypulver oder Pfeffer nach Belieben*
*Rapsöl für den Wok*

- Die Erdnüsse leicht salzen und mit kochend heißem Wasser benetzen.
- Das Ei in eine Schüssel aufschlagen und verquirlen, die Hälfte der Speisestärke und etwas Salz hinzufügen und alles miteinander vermischen.
- Wer es etwas würziger mag, kann zusätzlich Fünf-Gewürze-Pulver, Curry oder Pfeffer unter den Teig mischen.
- Die Erdnüsse im Teig wälzen und schließlich die restliche Stärke hinzufügen, bis sich die Erdnüsse trennen lassen.
- Etwas Öl bei geringer Wärmezufuhr im Wok erhitzen und die Erdnüsse darin rösten, bis sie eine goldgelbe Farbe annehmen, anschließend auf Küchenkrepp abtropfen lassen.

*Dieser Snack ist eine Spezialität aus der Provinz Sichuan, wo die Speisen gerne etwas schärfer gewürzt sein dürfen.*

## *Kandierte Walnüsse* 糖核桃

*tang hetao*

*250 g Walnusskerne*
*Salz*
*Wasser*
*250 g Zucker*
*100 ml Wasser*
*Öl für den Wok*
*3 TL Sesam*

- Die Walnüsse etwa fünf Minuten in Salzwasser kochen, abgießen und anschließend kaltes Wasser darübergeben. Diesen Vorgang wiederholen und die Walnüsse abkühlen lassen. Durch diese Methode wird der bittere Geschmack gemildert.
- Den Zucker im Wasser auflösen und kurz aufkochen lassen. Die Walnüsse hinzugeben, im Zuckersirup wenden, etwas abkühlen lassen und schließlich den überschüssigen Zuckersirup abgießen.
- Das Öl in einem Wok oder einem Topf stark erhitzen und die Walnüsse darin schwimmend frittieren.
- Die Nüsse auf einen mit Öl bestrichenen Teller geben, wenn sie eine goldbraune Farbe angenommen haben. Mit Sesam bestreuen und abkühlen lassen.

## Tee-Eier 茶叶蛋

*chayedan*

*4 – 8 Eier*
*½ l Wasser*
*1 – 2 EL grüner Tee*
*2 EL Fünf-Gewürze-Pulver*
*4 EL Sojasauce*
*1 TL Salz*

- Die Eier mit dem kalten Wasser aufsetzen, Tee und Gewürze hinzufügen und zum Kochen bringen.
- Die Eier fünf bis zehn Minuten kochen, anschließend aus dem Sud nehmen (den Sud aufbewahren).
- Die Schale der Eier leicht mit einem Löffel oder einer Gabel anschlagen, sodass sie Risse bekommt, die Schale aber nicht abpellen.
- Die Eier zurück in den Sud geben, diesen erneut aufkochen und die Eier mindestens neunzig Minuten bei ausgeschaltetem Herd darin ziehen lassen.

*Dieser Snack wird häufig von Straßenhändlern auf kleinen Wägelchen zur Feierabendzeit verkauft oder auch den ganzen Tag über in kleinen Läden an der Straße. In dem Sud können zusammen mit den Tee-Eiern auch geschälte Erdnüsse gekocht werden, bis sie weich sind. Sie sind ebenfalls eine beliebte Vorspeise.*

## *Scharf eingelegte Gurken* 珊瑚黄瓜

*shanhu huanggua*

*300 g Gurken*
*50 g Ingwer*
*30 g getrocknete Chilischoten*
*1 EL Öl für den Wok*
*2 EL Zucker*
*etwas Essig*
*1 MSP Salz*

- Die Gurken waschen, längs halbieren, gegebenenfalls entkernen und in etwa fünf Zentimeter lange Stücke schneiden.
- Den Ingwer schälen, in Streifen schneiden und zehn Minuten in heißes Wasser legen.
- Die getrockneten Chilis waschen und in Längsrichtung aufschneiden.
- Das Öl in einem Wok erhitzen und die Chilis darin kurz rösten, bis sie ihr volles Aroma entfalten. Sofort aus dem Wok entfernen.
- Das aromatisierte Öl mit dem Zucker, dem Essig und dem Salz vermischen.
- Das Öl zusammen mit dem Ingwer und den Chilis über die Gurken geben.
- Die Gurken mindestens eine Stunde marinieren lassen.

## ***Salat aus Lotoswurzeln*** 莲藕沙拉

*lianou shala*

*200 g Lotoswurzeln*
*2 EL getrocknete Jujube (Chinesische Datteln)*
*etwas warmes Wasser*
*3 EL Zucker*
*2 EL kandierte Früchte*

- Die Lotoswurzeln schälen, waschen und längs halbieren, anschließend in dünne Scheiben schneiden.
- Die getrockneten Jujube in etwas warmem Wasser aufquellen lassen.
- Die Lotoswurzeln in kochendem Wasser eine Minute blanchieren, anschließend in kaltem Wasser abschrecken.
- Den Zucker über das Gemüse streuen, vermischen und auf einem Teller zusammen mit den Jujube und den kandierten Früchten anrichten.

## ***Weißkohlröllchen*** 白菜卷

*baicai juan*

*12 Weißkohlblätter*
*Öl für den Wok*
*8 kleine rote Chilischoten*
*15 Pfefferkörner*
*1 MSP Salz*
*2 TL Sojasauce*
*1 TL Essig*
*2 TL Sesamöl*

- Die Kohlblätter gründlich waschen.
- Das Öl in einem Wok erhitzen und die Chilischoten darin anrösten, bis sie ihr Aroma entfalten, dann sofort aus dem Wok entfernen.
- Die Pfefferkörner in den Wok geben und kurz anrösten, bis sie ihr Aroma entfaltet haben und dann ebenfalls aus dem Wok nehmen.
- Die Kohlblätter in das Öl geben und kurz anbraten. Salz und Sojasauce zugeben und die Blätter im Wok garen, bis sie weich sind, anschließend den Essig hinzufügen.
- Die Blätter aus dem Wok nehmen, abkühlen lassen, die Sauce auffangen und bereitstellen.
- Die gerösteten Chilischoten in feine Ringe schneiden, auf die Weißkohlblätter streuen und die Blätter aufrollen.
- Die Weißkohlröllchen in fünf Zentimeter lange Stücke schneiden, mit der Sauce übergießen und mit Sesamöl beträufeln.

## ***Sauerscharfer Kohl*** 酸辣白菜

*suanla baicai*

*300 g Weißkohl*
*3 getrocknete Chilischoten*
*1 Stück Ingwer (1 – 2 cm)*
*Öl für den Wok*
*etwas Salz*
*2 EL Zucker*
*2 EL Essig*
*einige Tropfen dunkles Sesamöl*

- Den Kohl in rautenförmige, mundgerechte Stücke schneiden und gründlich waschen.
- Die Chilischoten waschen, in Ringe schneiden und die Kerne entfernen.
- Den Ingwer schälen und fein hacken.
- Das Öl in einem Wok erhitzen, den Ingwer und die Chilischoten hinzufügen und kurz rösten, bis sich das Aroma der Gewürze entwickelt, anschließend beides aus dem Wok entfernen und beiseite stellen.
- Den Kohl in das heiße Öl geben und anbraten. Mit Salz, Zucker, Essig und Sesamöl abschmecken.
- Kurz vor Ende des Garvorganges die Chilis sowie den Ingwer wieder hinzufügen und alles so lange braten, bis das Gemüse gar ist.

## ***Mais mit Pinienkernen*** 松仁玉米

*songren yumi*

*½ rote Paprikaschote*
*250 g gegarter Gemüsemais*
*Öl für den Wok*
*2 EL Pinienkerne*
*1 – 2 EL Wasser*
*Salz*

- Die Paprikaschote putzen und waschen, zuerst in Streifen und dann in feine Würfel schneiden.
- Die Maiskörner abgießen und gründlich abspülen.
- Das Öl in einem Wok erhitzen und die Pinienkerne darin kurz rösten.
- Den Mais zufügen, kurz mitbraten, das Wasser hinzugeben und den Mais noch etwas weitergaren.
- Zuletzt die Paprikawürfel hinzugeben, kurz mitbraten und alles leicht salzen.

## Auberginenpüree
*daosuide qiezi*

捣碎的茄子

*500 g Auberginen*
*1 Knoblauchzehe*
*1 MSP Salz*
*2 TL Sesammus*
*4 TL Sesamöl*
*etwas gehackter Schnittlauch*
*etwas gehackte Korianderblätter*

- Die Auberginen schälen und in dünne Streifen schneiden.
- Etwas Wasser in einem Topf zum Kochen bringen und die Auberginen in einem Dämpfeinsatz fünfzehn bis zwanzig Minuten garen, bis sie weich sind.
- Den Knoblauch schälen und fein hacken.
- Knoblauch mit dem Salz bestreuen und mit der flachen Seite eines Messers zu einem homogenen Mus verarbeiten.
- Die Knoblauchmasse mit dem Sesammus, dem Öl und den Kräutern vermischen.
- Die Auberginen pürieren, mit der Würzmischung vermischen und mit etwas gehacktem Koriander dekorieren.

***Tipp:** Sie können das Auberginenmus und die Würzmischung auch separat servieren.*

## ***Maronen mit Erdnusssauce*** 回味栗子

*huiwei lizi*

*150 g geschälte Maronen (vakuumverpackt)*
*2 EL Erdnussmus*
*1 MSP Salz*
*1 EL Wasser*
*Petersilie zum Garnieren*

- Die Maronen in Wasser kochen, bis sie weich sind.
- Das Erdnussmus mit dem Salz und dem Wasser gründlich mischen, sodass eine cremige Sauce entsteht.
- Die Maronen auf einem Teller anrichten, die Erdnusssauce darübergeben und mit Petersilie garnieren. Kalt servieren.

***Tipp:*** *In den Wintermonaten können frische Maronen verwendet werden. Die Schale wird mit einem Messer eingeritzt und die Maronen in Wasser gar gekocht und anschließend geschält. Anschließend können die Esskastanien mit der Erdnusssauce vermischt werden.*

## ***Dicke Bohnen mit Frühlingszwiebelöl*** 葱油蚕豆

*congyou candou*

*200 g geschälte Dicke Bohnen*
*1 Frühlingszwiebel*
*1 rote Peperoni*
*Öl für den Wok*
*125 ml warmes Wasser*
*½ TL Zucker*
*1 MSP Salz*

- Die Bohnen waschen und gut abtropfen lassen.
- Die Frühlingszwiebel und die Peperoni ebenfalls waschen, beide in feine Ringe schneiden.
- Etwas Öl in einem Wok erhitzen, die Peperoniringe hineingeben, kurz anbraten und wieder aus dem Wok entfernen.
- Anschließend in diesem Öl die Frühlingszwiebelringe anbraten und ebenfalls wieder aus dem Wok nehmen.
- Die Dicken Bohnen in dem Öl kurz anbraten, anschließend das Wasser und den Zucker in den Wok geben und zugedeckt einige Minuten kochen lassen, bis die Bohnen gar sind. Erst jetzt salzen, da anderenfalls die Bohnen nicht weich werden.
- Die Bohnen so lange weitergaren, bis das restliche Wasser verkocht ist.
- Die Zwiebelringe wieder hinzufügen und alles kurz vermischen.
- Auf einem Teller anrichten und mit der gerösteten Peperoni garnieren.

***Tipp:*** *Statt der frischen Dicken Bohnen können auch tiefgefrorene Bohnen verwendet werden.*

## *Salat aus Möhrenstreifen* 胡萝卜条沙拉

*huluobotiao shala*

*2 Möhren*
*½ Bund frische Korianderblätter*
*1 Knoblauchsprössling*
*ersatzweise 1 Frühlingszwiebel*
*5 – 6 getrocknete Chilischoten*
*Öl für den Wok*
*1 EL Reisessig*
*1 MSP Salz*
*1 MSP Zucker*
*1 EL Sesamöl*

- Die Möhren schälen, waschen und in feine Streifen von etwa fünf Zentimeter Länge schneiden.
- Den Koriander waschen und fein hacken, den Knoblauchsprössling ebenfalls waschen und in dünne Streifen schneiden. Die Chilischoten in Ringe schneiden.
- Das Öl in einem Wok erhitzen und die Chilischoten kurz darin anrösten, bis sie ihr Aroma entfalten; anschließend mit dem Öl aus dem Wok entfernen und bereitstellen.
- Die Möhrenstreifen mit den gehackten Korianderblättern und dem Knoblauchsprössling mischen und auf einem Teller anrichten (etwas Koriander aufbewahren).
- Das Öl und die Chilischoten mit Essig sowie Salz und Zucker zu einer Marinade verrühren und über das Gemüse geben.
- Mit etwas gehackten Korianderblättern und Chilischoten dekorieren und mit Sesamöl beträufeln.

*Dieses Gericht ist eine Spezialität aus Chengdu (Provinz Sichuan).*

## *Tomaten mit Zucker* 西红柿与糖

*xihongshi yu tang*

*4 Tomaten*
*1 Eiweiß*
*225 ml Wasser*
*100 g Kandiszucker*

- Die Tomaten kurz in heißes Wasser legen, anschließend häuten und jeweils achteln.
- Das Eiweiß mit fünfzig Milliliter Wasser verrühren.
- Das restliche Wasser zum Kochen bringen, den Kandiszucker darin auflösen, das verquirlte Eiweiß hinzufügen und aufkochen lassen, sodass die Masse leicht eindickt. Die Sauce vom Herd nehmen und etwas abkühlen lassen.
- Die Tomatenschnitze auf einem Teller anrichten und die Zuckersauce darüber verteilen.

*Dieses Gericht ist eine Spezialität aus Sichuan. Tomaten werden in China wie Obst verzehrt und häufig mit Zucker bestreut. Ein weiteres beliebtes Tomatengericht ist »Schnee auf dem Vulkan«, mit Zucker bestreute Kirschtomaten, die als Vorspeise serviert werden.*

## ***Salat aus Glasnudeln und Sojasprossen*** 凉拌粉丝豆芽

*liangban fensi douya*

*1 Möhre*
*1 Frühlingszwiebel*
*250 g Sojasprossen*
*100 g Glasnudeln*
*150 ml Essig*
*1 EL Zucker*
*etwas Sesamöl*
*1 MSP Salz*
*1 MSP Pfeffer*

- Die Möhre und die Frühlingszwiebel putzen und beide in feine, gleichmäßige dünne Streifen schneiden.
- Die Sojasprossen gründlich waschen und kurz blanchieren.
- Die Glasnudeln nach Packungsanweisung einige Minuten in kochendes Wasser legen, bis sie durchsichtig sind, gut abtropfen lassen und in etwa fünf Zentimeter lange Streifen schneiden.
- Das Gemüse und die Nudeln vermischen und auf einem Teller anrichten.
- Essig, Zucker, Öl, Salz und Pfeffer zu einer Marinade verrühren und über das Gemüse geben.

## *Yamswurzeln mit Bocksdorn* 枸杞拌山药

*gouqi ban shanyao*

*300 g Yamswurzeln*
*2 EL Bocksdornfrüchte*
*½ Zitrone*

- Die Yamswurzeln schälen, waschen und in kleine Rechtecke (5 × 2 cm) schneiden.
- Die Bocksdornfrüchte zehn Minuten in heißes Wasser legen.
- Die Zitrone auspressen.
- Die Yamswurzelstückchen in Wasser garen, bis sie weich sind. Anschließend auf einem Teller anrichten.
- Yams mit dem Zitronensaft beträufeln.
- Die Bocksdornfrüchte abtropfen lassen und darauf verteilen.

## ***Eingelegtes Gemüse aus Sichuan*** 四川泡菜

*sichuan paocai*

*1 (chinesischer) Rettich*
*2 mittelgroße Möhren*
*500 g Chinakohl*
*2 TL Sichuanpfefferkörner*
*4 getrocknete Chilischoten*
*650 ml Wasser*
*3 EL Salz*
*2 EL Reiswein*
*3 Scheiben Ingwer (2 mm dick)*
*1 Zimtstange*

- Den Rettich und die Möhren putzen und in breite Streifen schneiden.
- Den Chinakohl waschen und in mundgerechte Stücke schneiden.
- Die Pfefferkörner in einem Mörser zerstoßen, in eine Schüssel geben, die Chilischoten fein hacken und ebenfalls hinzugeben.
- Das Wasser zum Kochen bringen, das Salz darin auflösen und zum Pfeffer und den Chilis geben, anschließend abkühlen lassen.
- Reiswein, Ingwer, Zimt und das Gemüse in das Salzwasser geben, gut abdecken.
- Das eingelegte Gemüse vor dem Servieren mindestens zwei Tage durchziehen lassen.

## ***Mandschurisches kaltes Gemüse*** 东北凉菜

*dongbei liang cai*

*½ Salatgurke*
*1 Möhre*
*25 g Ingwer*
*100 g Sojasprossen*
*10 getrocknete Chilischoten*
*1 EL Öl für den Wok*
*50 g Tofuhaut*
*50 g ungeröstete Erdnüsse*
*1 EL Reisessig*
*1 EL Reiswein*
*1 EL Zucker*
*1 ½ EL Sesamöl*
*1 MSP Salz*
*½ Bund frische Korianderblätter*

- Die Salatgurke waschen, die Möhre und den Ingwer schälen und alles in feine Streifen von etwa fünf Zentimeter Länge schneiden.
- Die Sojasprossen ebenfalls waschen und kurz blanchieren.
- Die Chilischoten waschen und in etwas Öl anrösten, bis sie ihr Aroma entwickeln und sofort aus dem Wok entfernen.
- Die Tofuhaut in dünne Streifen von etwa fünf Zentimeter Länge schneiden.
- Gemüse, Sprossen, Erdnüsse, Chili und Tofustreifen miteinander vermischen und auf einem Servierteller anrichten.
- Für die Sauce Essig, Reiswein, Zucker, Salz und Öl miteinander verrühren und über den Salat geben.
- Mit den gehackten Korianderblättern garnieren.

# Gemüsegerichte

Besonders im Süden und Osten Chinas ist das Angebot an frischem Gemüse das ganze Jahr über sehr reichhaltig. Pak Choi, Schlangenbohnen oder anderes Gemüse der Saison werden dort meist täglich frisch eingekauft. In Regionen mit kurzen Anbauzeiten werden nahezu alle Gemüsearten auch getrocknet oder in Salzlake eingelegt, um sie haltbar zu machen. Durch das Konservieren erhält das Gemüse zudem ein intensiveres Aroma und einen würzigeren Geschmack.

## ***Pak Choi mit Enoki*** 油菜金针菇

*you caijin zhengu*

*300 g Pak Choi*
*100 g Enokipilze (Goldnadelpilze)*
*50 g Tofu*
*Öl zum Frittieren und für den Wok*
*1 MSP Salz*

- Den Pak Choi waschen und längs halbieren, die Enokipilze gründlich säubern.
- Den Pak Choi in etwas Wasser einige Minuten kochen, die Enoki hinzufügen und kurz mitgaren.
- Tofu in gleichmäßige Würfel schneiden und in heißem Fett frittieren, bis er eine goldgelbe Farbe angenommen hat.
- Das Öl in einem Wok erhitzen, den Pak Choi darin anbraten und anschließend den Tofu und die Enoki hinzugeben, zum Schluss salzen.
- Das Gemüse aus dem Wok nehmen und auf einem Teller anrichten.

***Tipp:*** *Frittierter Tofu wird auch fertig zubereitet im asiatischen Lebensmittelgeschäft angeboten.*

## Fischduftende Aubergine 渔香茄花

*yuxiang qiehua*

*1 mittelgroße Kartoffel*
*1 Aubergine*
*1 grüne Paprikaschote*
*1 Knoblauchzehe*
*etwas Ingwer*
*1 EL Speisestärke*
*etwas Wasser*
*500 ml Öl für den Wok*
*Salz*
*Zucker*

- Die Kartoffel schälen und waschen, die Aubergine und die Paprikaschote ebenfalls waschen und alles in mundgerechte rautenförmige Stücke schneiden.
- Den Knoblauch und den Ingwer schälen und in Scheiben schneiden.
- Die Speisestärke in etwas kaltem Wasser auflösen.
- Das Öl in einem Wok erhitzen, die Aubergine darin frittieren, bis sie fast gar ist, dann aus dem Wok nehmen und auf Küchenkrepp abtropfen lassen.
- Die Kartoffelstücke anschließend in dem Öl so lange frittieren, bis sie eine goldgelbe Farbe angenommen haben. Auf Küchenkrepp abtropfen lassen.
- Das Öl bis auf einen kleinen Rest abgießen.
- Die Paprikastückchen darin anbraten, Knoblauch und Ingwer hinzufügen.
- Kartoffel- und Auberginenstücke dazugeben, alles vermischen und mit etwas Salz und Zucker würzen.
- Die aufgelöste Stärke in den Wok geben, alles kurz aufkochen lassen und das Gemüse sofort servieren.

*Dieses Gericht ist eine besondere Spezialität aus der Provinz Sichuan, mittlerweile aber in ganz China bekannt.*

## ***Geschmorte Aubergine*** 红烧茄子

*hongshao qiezi*

*250 g Auberginen*
*2 EL Speisestärke*
*2 EL warmes Wasser*
*3 EL Sojasauce*
*1 EL in Streifen geschnittener Porree*
*1 EL fein gehackter Ingwer*
*1 MSP Salz*
*Erdnussöl für den Wok*
*1 Knoblauchzehe*
*1 TL Sesamöl*

- Die Auberginen waschen und in mundgerechte Rauten schneiden.
- Die Speisestärke im warmen Wasser auflösen, Sojasauce, Porree, Ingwer und Salz hinzufügen und alles gut miteinander verrühren.
- Das Öl in einem Wok erhitzen und die Auberginenstücke darin braten, bis sie fast weich sind.
- Etwas Öl in einer zweiten Pfanne erhitzen, den geschälten und fein gehackten Knoblauch darin anrösten.
- Die Aubergine hinzugeben und kurz mitbraten.
- Die Sojasauce über die Auberginen geben und gut vermischen.
- Zum Schluss etwas Sesamöl darüberträufeln und sofort servieren.

*Dieses Gericht stammt aus der Hauptstadt Beijing. Das »Rotkochen« (siehe Seite 16) ist aber auch in anderen Teilen Chinas bekannt.*

## *Sellerie mit Lilienzwiebeln* 芹菜与百合鳞茎

*qincai yu baihe lingjing*

*150 g Stangensellerie*
*250 g Lilienzwiebeln*
*1 Knoblauchzehe*
*1 EL Öl für den Wok*
*1 kleine rote Paprikaschote*
*Zucker*
*Salz*

- Den Sellerie waschen und schräg in mundgerechte Stücke schneiden.
- Die Lilienzwiebeln waschen und die einzelnen Blätter abzupfen.
- Den Knoblauch schälen und fein hacken.
- Das Öl in dem Wok erhitzen, den Knoblauch kurz darin anrösten und wieder aus dem Wok nehmen.
- Paprikaschote in mundgerechte, rautenförmige Stücke schneiden.
- Sellerie in dem verbliebenen Öl im Wok anbraten, die Paprika hinzufügen und mitgaren.
- Kurz vor dem Servieren die Lilienzwiebeln hinzufügen kurz weitergaren.
- Das Gemüse mit Zucker und Salz nach Belieben abschmecken.

***Tipp:*** *Die Lilienzwiebeln werden in der chinesischen Küche gerne auch mit gebratenem grünem Spargel oder gebratenem Kürbis kombiniert.*

## ***Gebratene Kartoffelstreifen mit Paprika*** 青椒土豆丝

*qingjiao tudousi*

*1 festkochende Kartoffel*
*1 grüne Paprikaschote*
*1 kleine getrocknete Chilischote*
*2 EL Öl für den Wok*
*1 EL Essig*
*1 MSP Salz*
*1 EL Zucker*

- Die Kartoffel schälen, waschen und zuerst in Scheiben, dann in hauchdünne Streifen schneiden. Damit die Kartoffelstreifen nicht braun werden, bis zur weiteren Verarbeitung in kaltes Wasser legen.
- Die Paprikaschote waschen, entkernen und ebenfalls in hauchdünne Streifen schneiden, die Chilischote in feine Ringe zerteilen.
- Das Öl in einem Wok erhitzen, die Chilischote darin kurz rösten, bis sie ihr Aroma entfaltet hat und wieder aus dem Wok entfernen.
- Die Kartoffelstreifen gut abtropfen lassen und in dem Öl anbraten, bis sie leicht glasig sind.
- Essig, Salz und Zucker hinzufügen und gut umrühren.
- Die Paprikastreifen hinzugeben, kurz mitbraten und das Gemüse auf einem Teller anrichten. Mit den Chiliringen dekorieren.

## ***Gebratene Schlangenbohnen*** 干边扁豆

*ganbian biandou*

*250 g Schlangenbohnen*
*½ Zwiebel*
*2 getrocknete Chilischoten*
*Öl für den Wok und die Pfanne*
*1 EL Reiswein*
*1 EL Sojasauce*
*1 TL Sesamöl*
*1 TL Zucker*
*etwas Salz*

- Die Schlangenbohnen waschen, die Enden abschneiden und die Bohnen in Stücke von etwa fünf Zentimeter Länge schneiden.
- Die Zwiebel schälen und sehr fein hacken, die Chilischoten in feine Ringe schneiden.
- Etwas Öl in einem Wok erhitzen, die Chilischoten kurz darin rösten und wieder aus dem Wok entfernen.
- In dem aromatisierten Öl die Bohnen braten, bis die Haut Blasen schlägt.
- In einer zweiten Pfanne die Zwiebelwürfel in etwas Öl anbraten.
- Die Bohnen und die restlichen Zutaten zu den Zwiebeln geben, alles gut miteinander vermischen. Heiß servieren.

## ***Bohnen mit Ingwersaft*** 姜汁扁豆

*jiangzhi biandou*

*300 g Schlangenbohnen*
*2 Knoblauchzehen*
*1 Frühlingszwiebel*
*1 l Wasser*
*Salz*
*etwas Öl für den Wok*
*1 TL fein gehackter Ingwer*
*1 TL Chiliöl*
*1 TL Erdnussöl*
*1 TL Sojasauce*
*1 EL Ingwersaft*
*1 TL Sesam*

- Die Schlangenbohnen waschen, von den Stiel- und Blütenansätzen befreien und in gleich große Stücke von etwa fünf Zentimeter Länge schneiden.
- Die Knoblauchzehen schälen und fein hacken.
- Die Frühlingszwiebel ebenfalls waschen und in feine Ringe schneiden.
- Wasser mit etwas Salz in einem Topf zum Kochen bringen und die Bohnen bei mittlerer Hitze etwa zehn bis fünfzehn Minuten garen. Die Bohnen sollen noch etwas Biss haben und nicht verkocht sein.
- In einem Wok etwas Öl erhitzen, den Knoblauch, die Frühlingszwiebelringe und den gehackten Ingwer darin anbraten, bis sie ihr Aroma entfalten, dann sofort aus dem Wok nehmen.
- Chili- und Erdnussöl, Sojasauce und Ingwersaft mit etwas Salz und Sesam vermischen.
- Die Bohnen auf einem Teller anrichten, den Ingwer und den Knoblauch darübergeben und das Chili-Erdnuss-Öl in einem kleinen Schüsselchen extra dazu servieren.

***Tipp:*** *Farblich wirkt das Gericht sehr schön, wenn die Bohnen noch mit roten Chiliringen dekoriert werden.*

## ***Gebratene Bohnensprossen mit Schnittlauch und Ei*** 炒豆芽与鸡蛋和韭菜

*chao douya yu jidan he jiucai*

*250 g Sojasprossen*
*50 g Schnittlauch oder Chinesischer Schnittlauch*
*2 Eier*
*Erdnussöl für den Wok*
*Salz*

- Die Bohnensprossen putzen, waschen und abtropfen lassen.
- Den Schnittlauch ebenfalls waschen in etwa drei Zentimeter lange Streifen schneiden.
- Die Eier in eine Schüssel aufschlagen und verquirlen.
- Etwas Öl in einem Wok erhitzen, die Eiermasse in den Wok geben und einen dünnen Eierpfannkuchen daraus braten, diesen anschließend in dünne Streifen (etwa 5 × 1 cm) schneiden.
- Etwas Öl in dem Wok erhitzen, die Bohnensprossen hinzugeben und unter ständigem Rühren braten, bis sich die Farbe der Sprossen leicht verändert.
- Den Schnittlauch und die Eierstreifen hinzugeben und kurz mitbraten.
- Mit dem Salz abschmecken.

## ***Scharf gebratene Pilze*** 油吃花菇

*youchi huagu*

*200 g Shiitakepilze*
*5 – 10 getrocknete Chilischoten*
*1 Stück Ingwer (3 – 5 cm)*
*Öl für den Wok*
*Salz*
*1 TL Chiliöl*

- Die Shiitakepilze putzen und halbieren.
- Die Chilischoten waschen und die Stiele abschneiden.
- Den Ingwer schälen und in feine Scheiben schneiden.
- Das Öl in einem Wok erhitzen, den Ingwer und die Chilischoten darin anbraten.
- Die Pilze hinzufügen und kurz mitbraten.
- Pilze mit Salz abschmecken, anrichten und mit etwas Chiliöl beträufeln.

***Tipp:*** *Wenn getrocknete Shiitakepilze verwendet werden, müssen diese zuvor zehn Minuten in kochend heißem Wasser eingeweicht werden.*

## *Tomaten in Milch* 奶油西红柿

*naiyou xihongshi*

*250 g Tomaten*
*etwas Zucker*
*50 g grüne Erbsen*
*1 TL Speisestärke*
*etwas Wasser*
*200 ml Milch*
*1 EL Zucker*
*1 MSP Salz*
*750 ml Wasser*
*1 TL Sesamöl*

- Die Tomaten waschen, für einige Minuten in kochend heißes Wasser legen und anschließend häuten.
- Tomaten jeweils in sechs gleich große Stücke schneiden und leicht zuckern.
- Die Erbsen in etwas Wasser zum Kochen bringen und garen.
- Die Speisestärke in einem Rührbecher in etwas Wasser auflösen, anschließend die Milch, den Zucker und das Salz hinzufügen und gründlich verrühren.
- Das Wasser in einem Topf aufkochen lassen, die Tomaten und die Erbsen hineingeben und schließlich die Milch-Stärke-Mischung hinzufügen.
- Nochmals kurz aufkochen lassen und alles gut vermischen.
- Zum Schluss das Öl über die Tomaten träufeln und das Gemüse sofort servieren.

## **Chinakohl in Milch** 牛奶白菜

*niunai baicai*

*300 g Chinakohl*
*50 g Porree*
*25 g Speisestärke*
*etwas Wasser*
*Erdnussöl für den Wok*
*1 EL Reiswein*
*1 MSP Salz*
*200 ml Gemüsebrühe*
*100 ml Milch*
*1 EL Sesamöl*

- Den Chinakohl waschen und die Blätter längs halbieren. Den Porree fein hacken.
- Die Stärke mit etwas Wasser auflösen.
- Etwas Öl in einem Wok erhitzen und den Porree darin anbraten.
- Reiswein, Salz und Gemüsebrühe hinzugeben, alles aufkochen lassen und anschließend den Kohl hinzugeben und bei geringer Wärmezufuhr garen.
- Schließlich Milch und aufgelöste Stärke unter ständigem Rühren hinzugeben und aufkochen lassen.
- Kurz vor dem Servieren das Sesamöl über den Kohl träufeln und das Gemüse sofort servieren.

*Dieses Gericht ist eine kulinarische Spezialität aus Tianjin.*

## ***Gebratener Spinat*** 炒菠菜

*chao bocai*

*250 g Blattspinat*
*1 Knoblauchzehe*
*Erdnussöl für den Wok*
*2 EL Sojasauce*
*1 EL Reiswein*
*1 TL Zucker*
*Salz*

- Den Spinat waschen, gut abtropfen lassen und die Wurzeln entfernen.
- Den Knoblauch schälen und fein hacken.
- Etwas Öl in einem Wok erhitzen, den Knoblauch kurz darin anbraten, dann den Spinat zufügen und etwa eine Minute braten.
- Die Sojasauce, den Reiswein, den Zucker und etwas Salz über den Spinat geben, alles gut verrühren und sofort servieren.

## Gebratener Brokkoli mit Knoblauch 西兰花与大蒜

*xilanhua yu dasuan*

*500 g Brokkoli*
*1 Knoblauchzehe*
*Öl für den Wok*
*1 – 2 EL Wasser*

- Den Brokkoli waschen und in kleine Röschen teilen.
- Den Knoblauch schälen und fein würfeln.
- Etwas Öl in einem Wok erhitzen und den Knoblauch kurz darin anrösten, anschließend aus dem Wok nehmen und beiseite stellen.
- Den Brokkoli in dem Öl etwa fünf Minuten anbraten.
- Das Wasser hinzufügen und das Gemüse weitere fünf Minuten garen.
- Den Knoblauch wieder dazugeben, kurz durchrühren und das Gemüse servieren.

***Tipp:*** *Der Brokkoli soll noch Biss haben.*

## ***Dreifarbige gebratene Gemüsestreifen*** 炒三丝

*chao sansi*

*100 g Bambussprossen (aus dem Glas)*
*100 g grüne Paprikaschote*
*50 g Möhren*
*100 g Räuchertofu*
*1 Stück Ingwer (etwa 5 cm)*
*1 TL Speisestärke*
*etwas Wasser*
*2 TL Reiswein*
*4 TL Sojasauce*
*1 TL Zucker*
*1 MSP Salz*
*Öl für den Wok*
*125 ml Gemüsebrühe*
*1 EL Sesamöl*

- Das Gemüse waschen und in fünf Zentimeter lange, streichholzähnliche Streifen schneiden.
- Den Tofu ebenfalls in feine Streifen schneiden.
- Den Ingwer schälen und fein hacken.
- Die Speisestärke in etwas kaltem Wasser auflösen.
- Reiswein, Sojasauce, Zucker und Salz zu einer Sauce verrühren.
- Etwas Öl in einem Wok erhitzen, den Ingwer kurz darin anbraten, anschließend die Paprika und die Bambusstreifen hinzufügen. Die Tofustreifen zuletzt in den Wok geben und mitgaren.
- Die Gemüsebrühe und die Sojasauce hinzugeben und das Gemüse bei schwacher Hitze aufkochen lassen.
- Die aufgelöste Stärke einrühren und alles noch einmal kurz aufkochen lassen.
- Das Gemüse auf einem Teller anrichten, mit Sesamöl beträufeln und heiß servieren.

*Dieses Gericht ist eine kantonesische Spezialität.*

## Dicke Bohnen mit Ginkgo und Pilzwürfeln 福果猴菇粒

*fuguo houguli*

*200 g geschälte Dicke Bohnen*
*5 Shiitakepilze*
*150 g Ginkgonüsse*
*Öl für den Wok*
*etwas Wasser*
*1 EL Reiswein*
*1 EL Sojasauce*
*1 MSP Salz*

- Die Bohnen gründlich waschen.
- Die Shiitakepilze würfeln, sodass sie etwa die gleiche Größe haben wie die Ginkgonüsse und die Bohnen.
- Etwas Öl in einem Wok erhitzen und die Pilzwürfel darin anbraten.
- Die Dicken Bohnen und die Ginkgonüsse hinzufügen, etwas Wasser dazugeben und alles etwa zehn Minuten köcheln lassen.
- Erst wenn die Bohnen gar sind (eventuell noch etwas länger köcheln lassen), mit Reiswein, Sojasauce und Salz würzen.

## ***Gebratener Kürbis mit Ei*** 油炸南瓜鸡蛋

*youzha nangua jidan*

*½ kleiner Kürbis*
*1 Stück Ingwer (etwas haselnussgroß)*
*etwas Porree (etwa 3 cm)*
*ersatzweise 1 Frühlingszwiebel*
*1 Ei*
*Öl für den Wok*
*2 EL Reiswein*
*Salz*

- Den Kürbis schälen, in dünne, gleichmäßige Stücke schneiden.
- Den Ingwer schälen und in Scheiben schneiden, den Porree fein hacken.
- Das Ei in eine Schüssel aufschlagen und verquirlen.
- Etwas Öl in einem Wok erhitzen, den Porree und den Ingwer darin anbraten.
- Den Kürbis hinzufügen und so lange braten, bis er fast gar ist.
- Den Reiswein dazugeben und einkochen lassen.
- Nach Belieben mit etwas Salz abschmecken.
- Zum Schluss das Ei über den Kürbis geben. So lange braten, bis das Ei fest ist, und sofort servieren.

## Gebratene Pilze im Teigmantel 糕饼蘑菇
*gaobing mogu*

*50 g getrocknete chinesische Pilze (z. B. Shiitake)*
*heißes Wasser zum Einweichen*
*½ Liter Gemüsebrühe*
*Salz*
*1 Eiweiß*
*2 EL Mehl*
*15 Sichuanpfefferkörner*
*Butterschmalz zum Braten*

- Die Pilze waschen und in heißem Wasser fünfzehn Minuten einweichen.
- Anschließend die Pilze in die Gemüsebrühe geben und etwa fünf Minuten darin kochen.
- Die Brühe abgießen und die Pilze bei Bedarf noch mit etwas Salz abschmecken.
- Das Eiweiß mit dem Mehl zu einem homogenen Teig verarbeiten und die Pilze hineintauchen.
- Die Sichuanpfefferkörner im Mörser zerstoßen und mit etwas Salz vermischen.
- Etwas Schmalz in einem Wok bei großer Hitze erwärmen, die Pilze darin braten, bis sie einen goldgelben Mantel haben.
- Die Pilze auf Küchenkrepp abtropfen lassen, auf einem Teller anrichten und die Pfeffer-Salz-Mischung separat dazu servieren.

***Tipp:*** *Das Einweichwasser der Pilze kann auch zum Würzen für andere vegetarische Gerichte verwendet werden.*

*Das Gericht stammt aus der Provinz Sichuan.*

## Scharfe Maiskölbchen 辣味玉米笋

*lawei yumisun*

*1 Glas kleine eingelegte Maiskölbchen*
*20 g Ingwer*
*1 Chilischote*
*2 Knoblauchschösslinge*
*ersatzweise Frühlingszwiebeln*
*1 EL Chiliöl*
*1 TL Sesamöl*
*Salz*

- Die Maiskölbchen aus dem Glas abgießen und gründlich abspülen, anschließend die Kolben längs halbieren.
- Den Ingwer schälen und fein würfeln. Die Chilischote in feine Ringe schneiden.
- Die Knoblauchschösslinge waschen und in Längsstreifen schneiden.
- Chili- und Sesamöl mit etwas Salz vermischen und in einem Wok erhitzen.
- Die Chilischote kurz im Wok rösten, bis sie ihr volles Aroma entwickelt hat und sofort wieder aus dem Wok entfernen.
- Den Ingwer und die Knoblauchschösslinge kurz in den Wok geben und braten, die Maiskölbchen hinzugeben und weitere zwei Minuten braten.
- Die gebratenen Maiskölbchen auf einem Teller anrichten und mit den Chiliringen dekorieren.

***Tipp:** Knoblauchschösslinge sind auch unter dem Namen Thai Soi erhältlich.*

## ***Bambus mit Peperoni*** 辣子竹笋

*lazi zhusun*

*150 g Bambussprossen (aus dem Glas)*
*50 g kleine, frische Peperoni*
*1 kleines Stück Ingwer*
*1 Knoblauchzehe*
*1 Frühlingszwiebel*
*Öl für den Wok*
*Salz*
*Pfeffer*
*Zucker*

- Die Bambussprossen abgießen, gründlich abspülen und trockentupfen.
- Die Peperoni waschen und in feine Ringe schneiden. Den Ingwer und die Knoblauchzehe schälen und fein hacken. Die Frühlingszwiebel in feine Ringe schneiden.
- Etwas Öl in einem Wok erhitzen, die Peperoni darin kurz rösten, bis sie zu duften beginnen, dann aus dem Wok nehmen und beiseite stellen.
- Die Frühlingszwiebel, den Ingwer und den Knoblauch in den Wok geben, kurz anbraten und die Bambussprossen dazugeben.
- Alles für eine Minute garen lassen und mit Salz, Pfeffer und Zucker abschmecken.
- Den gebratenen Bambus auf einem Teller anrichten und mit den Peperoni dekorieren.

## ***Gegrillte vegetarische Rippchen*** 考排骨

*kao paigu*

*300 g Kartoffeln*
*40 g Klebreismehl*
*½ geraspelte Möhre*
*40 g gemahlene Walnüsse*
*Salz*
*1 kg Möhren*
*Fett für die Form*
*Erdnussöl zum Frittieren*

***Für den Frittierteig:***
*1 Ei*
*100 g Weizenmehl*
*120 ml Wasser*

***Für die Marinade:***
*120 g Hoisin-Sauce*
*3 EL helle Sojasauce*
*3 EL Reiswein*
*2 EL Zucker*
*3 EL Tomatenketchup*
*1 Stück Ingwer (etwa 5 cm)*
*4 Knoblauchzehen*

- Die Kartoffeln waschen und in der Schale kochen, bis sie weich sind. Die Kartoffeln pellen, zerstampfen, mit dem Klebreismehl mischen.
- Die Möhrenraspel und die gemahlenen Nüsse hinzufügen und alles gut vermischen. Mit Salz abschmecken.
- Die Möhren waschen, schälen, der Länge nach halbieren und in fünf Zentimeter lange Stücke schneiden.
- Ei, Mehl und so viel Wasser miteinander verrühren, dass ein dünnflüssiger ***Frittierteig*** entsteht.

- Für die ***Marinade*** Hoisin-Sauce, Sojasauce, Reiswein, Zucker und Ketchup gründlich miteinander verrühren.
- Den Ingwer und den Knoblauch schälen, fein hacken und unter die Marinade mischen.
- Die Möhren in eine gefettete Auflaufform geben und die Marinade darübergeben, das Gemüse im Kühlschrank mindestens drei Stunden marinieren lassen.
- Die Kartoffelmischung zu länglichen Klößen formen und jeweils ein Stück marinierte Möhre hineinstecken. Den Kloß leicht flachdrücken und in den Frittierteig tauchen.
- Das Öl in einem Wok erhitzen und die »Rippchen« frittieren.
- Den Backofen auf 180 °C vorheizen. Die »Rippchen« zu den restlichen Möhren in die Auflaufform geben und im Backofen dreißig bis fünfundvierzig Minuten backen. Zwischendurch die Möhren öfters wenden.
- Die »Rippchen« mit den Möhren und der Sauce servieren.

## ***Rotgekochte vegetarische Rippchen*** 素红烧排骨
*su hongshao paigu*

*250 g Möhren*
*1 Ei*
*30 g Speisestärke*
*500 ml Erdnussöl zum Frittieren*
*1 EL Reiswein*
*1 ½ EL dunkle Sojasauce*
*2 EL Porree (in Stücken)*
*1 EL Ingwerscheiben*
*2 Sternanis*
*1 MSP Salz*
*250 ml Gemüsebrühe*

- Die Möhren putzen und in mundgerechte Stücke teilen.
- Aus dem Ei und zwanzig Gramm Speisestärke einen Teig herstellen und die Möhrenstücke darin wälzen.
- Das Öl in einem Wok stark erhitzen und die Möhren darin frittieren, bis sie goldbraun sind.
- Möhren aus dem Wok nehmen und in einer Schüssel mit Reiswein, Sojasauce, Porree, Ingwer, Sternanis und Salz vermischen.
- Die Schüssel in einen großen Bambusdämpfkorb stellen. Den Dämpfkorb in einen Wok setzen und das Gemüse fünfzehn Minuten dämpfen lassen.
- Die gedämpften »Rippchen« aus dem Korb herausnehmen. Ingwer, Porree und Sternanis entfernen.
- Die »Rippchen« mit der Gemüsebrühe in einen Topf geben und bei großer Hitze schmoren lassen. Die Brühe auf etwa ein Drittel reduzieren lassen. Die restliche Speisestärke dazugeben und alles gut verrühren.

*Dies ist eine Spezialität der Hauptstadt Beijing.*

## ***Walnüsse mit süßsaurem Gemüse*** 素糖醋排骨

*su tangcu paigu*

*100 g frische Walnusskerne*
*4 TL Salz*
*1 l Wasser*
*½ rote Paprikaschote*
*½ grüne Paprikaschote*
*1 EL Öl für den Wok*
*120 g Ananasstücke*
*1 mittelgroße Möhre*

***Für die süßsaure Sauce:***
*3 EL Zucker*
*2 EL Reisessig*
*1 EL helle Sojasauce*
*½ TL Sesamöl*
*1 EL Tomatenmark*
*50 ml Gemüsebrühe*
*2 TL Speisestärke*
*etwas Wasser*

- Die Walnüsse etwa fünf Minuten im Salzwasser kochen, abgießen und anschließend kaltes Wasser über die Walnüsse geben. Diesen Vorgang wiederholen, anschließend die Walnüsse abkühlen lassen.
- Für die ***Sauce*** Zucker, Essig, Sojasauce, Öl, Tomatenmark und Gemüsebrühe vermischen und bei mittlerer Hitze aufkochen lassen. Die Stärke in etwas Wasser auflösen, zur Sauce geben und eindicken lassen.
- Für das ***Gemüse*** die Paprikaschoten waschen und in mundgerechte Stücke schneiden.
- Das Öl in einem Wok erhitzen. Die Walnüsse darin kurz anbraten, die Paprika und die Ananasstücke dazugeben und weiterbraten.
- Die süßsaure Sauce zum Gemüse geben und zusammen einige Minuten weitergaren.
- Das Gemüse auf einem Teller anrichten. Die Möhre raspeln und das Gemüse damit garnieren.

## *Vegetarische Krebsscheren* 素炸蟹钳

*suzha xieqian*

*300 g Kartoffeln*
*40 g Walnüsse*
*Salz*
*1 ½ EL Öl für den Wok*
*2 TL geschälter Sesam*
*½ Möhre*
*40 g Speisestärke*
*Salz*
*Zucker*
*Öl zum Frittieren*

***Für den Frittierteig:***
*75 g Weizenmehl*
*15 g Klebreismehl*
*¾ TL Backpulver*
*1 MSP Salz*
*110 ml Wasser*

- Die Kartoffeln waschen und in der Schale kochen, bis sie gar sind. Anschließend die Kartoffeln pellen und zerstampfen.
- Die Walnüsse etwa fünf Minuten in Salzwasser kochen, abgießen und anschließend kaltes Wasser über die Walnüsse geben. Diesen Vorgang wiederholen und die Walnüsse abkühlen lassen.
- Das Öl in einem Wok erhitzen, die Walnüsse hinzufügen und so lange braten, bis sie goldbraun sind. Die Nüsse abkühlen lassen und fein hacken.
- Den Sesam ohne Zugabe von Öl im Wok kurz rösten.
- Die Möhre waschen, schälen und in dicke Streifen schneiden.
- Die zerstampften Kartoffeln, die gehackten Walnüsse, den gerösteten Sesam, die Stärke und die in Streifen geschnittene Möhre zu einem Teig verarbeiten. Mit Salz und Zucker würzen und alles gut verkneten.

- Den Teig in zehn bis zwölf Portionen teilen und jedes Teigstück zu einer »Krebsschere« formen.
- In einer großen Schüssel die Zutaten für den ***Frittierteig*** vermischen.
- Das Frittieröl im Wok erhitzen. Die »Krebsscheren« in den flüssigen Frittierteig tauchen und im heißen Fett goldbraun frittieren.

***Tipp:*** *Süßsaure Sauce oder Sojasauce dazu servieren.*

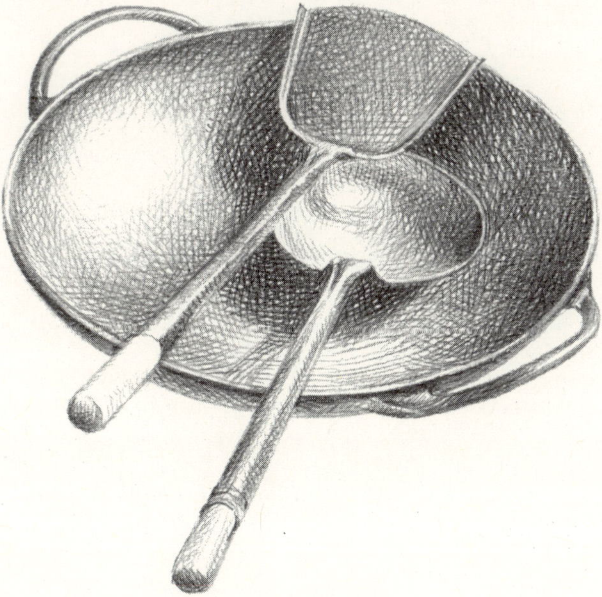

## *Vegetarischer Rettichkuchen* 素食萝卜糕
*sushi luobogao*

*1 kg weißer Rettich*
*300 ml Wasser*
*150 g Reismehl*
*2 TL Öl*
*4 getrocknete Pilze (z. B. Shiitake)*
*Wasser zum Einweichen*
*Öl für den Wok*
*1 EL fein gehackte Frühlingszwiebeln*
*2 fein gehackte Möhren*
*Salz*
*2 TL Reiswein*
*Zucker*
*Pfeffer*
*1 EL fein gehackte Korianderblätter*
*1 EL gerösteter Sesam*

- Den Rettich schälen, fein raspeln und in dem Wasser leicht köcheln lassen, bis er weich ist. Das überschüssige Wasser abgießen, den Rettich ausdrücken.
- Das Reismehl mit dem Rettich mischen, das Öl hinzugeben und alles gut vermischen.
- Die Pilze fünf Minuten in kochend heißem Wasser einweichen, anschließend die Stiele entfernen und die Pilzhüte fein hacken.
- Etwas Öl in einem Wok erhitzen, die gehackten Pilze darin anbraten. Gehackte Zwiebeln und Möhren hinzufügen und weiterbraten. Mit Reiswein, Zucker, Pfeffer, Koriander und Sesam würzen.
- Die Rettichmasse in den Wok geben und alles gründlich mischen.
- Die Masse in eine feuerfeste, mit Backpapier ausgelegte Schüssel geben und in einem geschlossenen, breiten Topf in einem Bambusdämpfeinsatz sechzig bis neunzig Minuten dämpfen lassen. (Die Schüssel muss kleiner sein als der Topf, damit der Wasserdampf aufsteigen kann.)

- Den Rettichkuchen in der Form abkühlen lassen und über Nacht in den Kühlschrank stellen.
- Rettichkuchen in Würfel von etwa fünf Zentimeter Kantenlänge schneiden.
- In etwas Öl im Wok knusprig braun braten und heiß servieren.

***Tipp:*** *Rettichkuchen ist eine beliebte* dim-sum-*Speise und wird traditionsgemäß während des chinesischen Neujahrsfestes serviert.*

# Soja, Tofu und Seitan

Wer glaubt, dass die wenigen fleischlosen Gerichte, die hierzulande in chinesischen Restaurants serviert werden, mit dem vegetarischen Speisenangebot in China vergleichbar sind, wird überrascht sein. Denn die Vielfalt ist sehr viel größer, als die auf den europäischen Geschmack ausgerichteten Gerichte vermuten lassen. Ungewöhnlich sind vor allem die verschiedenen Rezepte mit Soja, Tofu und Seitan, bei denen mit viel Liebe zum Detail Fisch- und Fleischgerichte imitiert werden.

## *Gebratener Tofu*

炒豆腐

*chao doufu*

*250 g fester Tofu*
*2 EL Reiswein*
*1 MSP Salz*
*1 EL gehackter Porree*
*1 TL gehackter Ingwer*
*2 Eier*
*50 g Weizenmehl*
*Öl für den Wok*

- Den Tofu abspülen und in gleichmäßige Scheiben schneiden.
- Reiswein, Salz, Porree und Ingwer zu einer Marinade verrühren.
- Tofu etwa dreißig Minuten in der Marinade ziehen lassen.
- Die Eier in eine Schüssel aufschlagen und verquirlen.
- Das Mehl in einen tiefen Teller sieben.
- Die Tofuscheiben zuerst in dem Mehl wälzen, dann in die verquirlten Eier tauchen.
- Reichlich Öl in einem Wok erhitzen. Die Tofustücke darin goldgelb frittieren, auf Küchenkrepp abtropfen lassen und sofort servieren.

## *Tofu mit Sesampaste* 豆腐与芝麻糊

*doufu yu zhima hu*

*250 g Tofu*
*½ Bund frische Korianderblätter*
*30 g Sesammus*
*etwas Wasser*
*1 MSP Salz*
*1 TL Chiliöl*

- Den Tofu in Würfel schneiden, zwei Minuten in etwas Wasser kochen und anschließend gut abtropfen lassen.
- Die Korianderblätter waschen und fein hacken.
- Das Sesammus mit etwas Wasser verrühren, salzen und über die Tofuwürfel geben.
- Das Chiliöl und den gehackten Koriander über den Tofu geben und servieren.

*Dieses einfache Tofugericht stammt aus Nordostchina.*

## *Im Topf versunkener Tofu* 锅塌豆腐

*guota doufu*

*250 g Tofu*
*1 Knoblauchzehe*
*1 Ei*
*2 EL dunkle Sojasauce*
*2 TL Weizenmehl*
*1 EL fein gehackter Porree*
*1 TL fein gehackter Ingwer*
*Erdnussöl zum Frittieren*
*1 Sternanis*
*250 ml Wasser*
*Salz*
*1 TL Blütenpfefferöl*
*gehackter Porree zum Garnieren*

- Den Tofu in gleichmäßige Würfel schneiden. Die Knoblauchzehe schälen und fein hacken.
- Das Ei in eine Schüssel aufschlagen und gut verquirlen.
- Einen Esslöffel Sojasauce mit dem Mehl verquirlen, notfalls etwas Wasser hinzufügen.
- Porree und Ingwer in die Sojamarinade geben und die Tofuwürfel darin wälzen.
- Die gewürzten Tofuwürfel in dem verquirlten Ei wälzen.
- Das Öl in einem Wok erhitzen und die Tofuwürfel zusammen mit dem Sternanis frittieren, anschließend auf Küchenkrepp abtropfen lassen.
- Das Wasser im Wok erhitzen, den Sternanis, einen Esslöffel Sojasauce und etwas Salz hinzufügen.
- Tofuwürfel in den Wok geben, wenn das Wasser aufkocht. Bei schwacher Hitze etwa zehn Minuten ziehen lassen. Kurz vor Ende der Kochzeit den gehackten Knoblauch und das Blütenpfefferöl dazugeben.
- Den Tofu zusammen mit der Kochflüssigkeit servieren und mit etwas gehacktem Porree garnieren.

*Eine Spezialität aus Beijing.*

## *Vegetarische Ente* 苏烤鸭
*su kaoya*

*500 g Tofuhäute*
*etwas Wasser*
*Sesamöl zu Braten*

***Für die Sauce:***
*5 EL Sojasauce*
*1 MSP Salz*
*2 TL Zucker*
*etwas Fünf-Gewürze-Pulver*
*1 EL Speisestärke*
*1 TL Sesamöl*

- Die Tofuhäute waschen, einmal in Längs- und dann in Querrichtung falten und anschließend aufrollen, sodass Rollen von zehn bis fünfzehn Zentimeter Länge entstehen.
- Die Zutaten für die ***Sauce*** verrühren und in einer Pfanne aufkochen lassen.
- Mit etwas zusätzlichem Wasser aufgießen, dann die Tofuröllchen darin eine Stunde leicht köcheln lassen.
- Das Sesamöl in einer Pfanne erhitzen, die Tofuröllchen aus der Flüssigkeit nehmen und in dem Öl kross anbraten.
- Die gebratenen Röllchen mit einem scharfen Messer in Scheiben schneiden und lauwarm servieren. Die Sauce nach Belieben separat anrichten.

***Tipp:*** *Die vegetarische »Ente« kann beispielsweise mit Sauce in den Mandarin-Pfannkuchen eingewickelt werden (Rezept siehe Seite 128).*

## *Seitan mit Pilzen* 香菇面巾

*xianggu mianjin*

*8 Shiitakepilze*
*100 g Pak Choi*
*150 g Seitan*
*Öl für den Wok*
*1 EL Sojasauce*
*Salz*
*gemahlener Pfeffer*

- Die Pilze putzen und halbieren.
- Den Pak Choi waschen und in einzelne Blätter teilen. Den Seitan in mundgerechte Stücke schneiden.
- Etwas Öl in einem Wok erhitzen, den Seitan darin anbraten und wieder aus dem Wok nehmen.
- Die Pilze in dem Öl im Wok anbraten, den Pak Choi zugeben und beides miteinander vermischen.
- Den Seitan wieder dazugeben, alles gut vermischen und kurz weiterbraten.
- Mit Sojasauce, Salz und gemahlenem Pfeffer abschmecken.

## ***Tofu nach Sichuan-Art*** 麻婆豆腐

*mapo doufu*

*250 g weicher Tofu*
*100 g Shiitakepilze*
*1 Knoblauchzehe*
*10 Sichuanpfefferkörner*
*Öl für den Wok*
*1 MSP Salz*
*½ TL Chilipulver*
*150 ml Gemüsebrühe*
*2 EL scharfe Bohnensauce* (doubanjiang)
*1 TL Speisestärke*
*etwas Wasser*

- Den Tofu in Würfel von eineinhalb Zentimeter Kantenlänge schneiden.
- Die Pilze putzen und klein schneiden. Die Knoblauchzehe schälen und in Scheiben schneiden.
- Die Pfefferkörner ohne Öl in einem Wok anrösten und anschließend im Mörser zerstoßen.
- Das Öl in einem Wok erhitzen, die Pilze darin anbraten.
- Mit Salz, Chilipulver, Gemüsebrühe und Bohnensauce würzen und einige Minuten garen lassen.
- Den Tofu zugeben und bei geringer Wärmezufuhr einige Minuten kochen lassen. Etwas Brühe abgießen, damit die Sauce nicht zu dickflüssig wird.
- Die Speisestärke mit etwas Wasser verrühren, zum Tofu geben und aufkochen lassen.
- Den zubereiteten Tofu auf einem Teller anrichten und den Sichuanpfeffer darüberstreuen.

Mapo doufu *ist ein bekanntes chinesisches Gericht aus Tofu und Hackfleisch, das aus der Sichuan-Küche stammt. Für dieses Gericht sollte weicher Tofu verwendet werden, fester Tofu muss vor der Verwendung zunächst gekocht werden. Das Hackfleisch wird in diesem vegetarischen Gericht durch Pilze ersetzt. Alternativ kann auch Sojageschnetzeltes verwendet werden.*

## *Tofubällchen mit Gemüse* 口袋豆腐

*koudai doufu*

*800 g Tofu*
*150 g grob geraspeltes Gemüse (z. B. Möhren, Zucchini)*
*2 Eiweiß*
*2 EL Weizenmehl*
*Salz*
*3 getrocknete chinesische Pilze (z. B. Shiitake)*
*1 Hand voll Zuckerschoten*
*Öl zum Frittieren*
*625 ml Gemüsebrühe*
*1 EL Sojasauce*
*1 EL Reiswein*
*1 TL Speisestärke*
*etwas Wasser*
*1 TL Sesamöl*

- Den Tofu zerbröseln, mit Gemüseraspeln, dem Eiweiß und dem Mehl vermengen und mit Salz abschmecken.
- Die Pilze kurz in kochend heißem Wasser einweichen.
- Die Zuckerschoten waschen und von den Stielen und Blütenansätzen befreien.
- Jeweils einen Esslöffel von der Tofu-Gemüse-Mischung mit den Händen zu einem runden Ball formen und auf einem eingeölten Teller ablegen.
- Das Öl in einem Wok erhitzen und die Tofubällchen darin so lange frittieren, bis sie eine goldgelbe Farbe angenommen haben.
- Etwas Öl in einer zweiten Pfanne erhitzen, die Pilze und die Zuckerschoten darin anbraten.
- Die Gemüsebrühe hinzufügen, mit Sojasauce, Reiswein und Salz abschmecken.
- Die Tofubällchen zu dem Gemüse in die Brühe geben und auf kleiner Flamme etwa fünf Minuten ziehen lassen.
- Die Stärke mit etwas Wasser auflösen und das Gemüse damit binden.
- Vor dem Servieren einige Tropfen Sesamöl über die Tofubällchen geben.

## ***Tofu mit Chinakohl*** 豆腐白菜

*doufu baicai*

*500 g Chinakohl*
*100 g Tofu*
*½ Zwiebel*
*etwas Wasser*
*1 MSP Salz*
*1 TL Fünf-Gewürze-Pulver*

- Den Chinakohl waschen und in mundgerechte Stücke schneiden.
- Den Tofu in kleine Würfel von etwa einem Zentimeter Kantenlänge schneiden.
- Die Zwiebel schälen und in feine Streifen schneiden.
- Etwas Wasser in einem Topf zum Kochen bringen, den Tofu und den Chinakohl darin einige Minuten kochen lassen, dann das Wasser bis auf einen kleinen Rest abgießen.
- Den Chinakohl und den Tofu in eine Schüssel geben.
- Die Zwiebelstreifen, das Salz sowie das Fünf-Gewürze-Pulver mit dem Rest des Kochwassers verrühren.
- Die Brühe zu dem Tofu und dem Kohl in die Schüssel geben und alles gut vermischen.

## ***Vegetarische Tofurollen*** 炸府皮卷

*zhafu pijuan*

*750 ml Wasser*
*1 EL helle Sojasauce*
*1 TL Sesamöl*
*1 MSP Salz*
*2 TL Zucker*
*1 TL Pfeffer*
*3 Blätter Tofuhaut*
*3 Blätter Yakinori (geröstete Algenblätter)*
*Öl für den Wok*

- Das Wasser in einem Wok erhitzen. Die Sojasauce, das Sesamöl und die Gewürze hinzufügen, das Ganze zum Kochen bringen und bei geringer Wärmezufuhr köcheln lassen.
- Die Tofuhaut zwei Mal falten und für eine Minute in die Flüssigkeit geben, dabei einmal wenden, anschließend abtropfen lassen.
- Die Tofublätter wieder entfalten und auf einem Teller ausbreiten.
- Die Yakinori darauf ausbreiten und das Ganze aufrollen.
- Das Öl in einem Wok erhitzen und die Rollen darin goldbraun frittieren.
- Auf Küchenkrepp abtropfen lassen und die Tofurollen vor dem Servieren in drei bis vier Zentimeter breite Stücke schneiden.

## *Vegetarische Löwenköpfchen* 素清炖狮子头

*su qingdun shizitou*

*75 g Sojagranulat*
*Wasser zum Einweichen*
*4 Frühlingszwiebeln*
*250 g Pak Choi*
*1 Eiweiß*
*8 EL Weizenmehl*
*4 EL Paniermehl*
*1 EL Reiswein*
*1 EL helle Sojasauce*
*1 EL Sesamöl*
*1 TL geriebener Ingwer*
*Salz*
*Pfeffer*
*Zucker*
*Öl zum Braten*
*1 l Gemüsebrühe*
*einige Porree- und Möhrenstreifen*
*4 schwarze Mu-Err-Pilze*

- Das Sojagranulat zehn Minuten in kochend heißem Wasser einweichen, überschüssiges Wasser abgießen und das Granulat ausdrücken.
- Die Frühlingszwiebeln waschen und fein hacken. Den Pak Choi waschen und in einzelne Blätter zupfen.
- Das Sojagranulat mit Eiweiß, Mehl, Paniermehl, Reiswein, Sojasauce, Sesamöl, Ingwer und den Frühlingszwiebeln vermischen und mit Salz, Pfeffer und Zucker würzen.
- Den Teig zu acht gleich großen Bällchen formen. Das Öl in einem Schmortopf erhitzen und die »Löwenköpfchen« darin rundum anbraten.
- Die Gemüsebrühe hinzufügen und kurz aufkochen lassen.
- Den Pak Choi, die Gemüsestreifen und die Pilze mit in den Topf geben, mit einem Deckel abdecken und alles etwa neunzig Minuten bei geringer Wärmezufuhr köcheln lassen.
- Die »Löwenköpfchen« mit der Brühe und dem Gemüse servieren.

## *Vegetarische Hühnerwürfel mit Porree und Sichuanpfeffer*

素香糟鸡

*su xiang zaoji*

*250 g Sojageschnetzeltes*
*Wasser zum Einweichen*
*10 Sichuanpfefferkörner*
*2 EL Reiswein*
*50 g Speisestärke*
*1 Ei*
*2 TL Sojasauce*
*500 ml Erdnussöl für den Wok*
*1 EL in feine Streifen geschnittener Porree*
*1 EL in feine Streifen geschnittener Ingwer*
*Salz*
*2 EL Sesamöl*
*etwas fein geschnittener Porree zum Dekorieren*

- Das Sojageschnetzelte zehn Minuten in warmem Wasser einweichen, überschüssiges Wasser abgießen und das Geschnetzelte ausdrücken.
- Die Pfefferkörner so lange in einem Esslöffel Reiswein einweichen, bis sie weich sind.
- Die Speisestärke, das Ei und einen Teelöffel Sojasauce in einer Schüssel verquirlen. Das Sojageschnetzelte hineingeben und darin marinieren.
- Öl in einem Wok stark erhitzen, das marinierte Geschnetzelte hinzugeben und unter ständigem Rühren braten, bis es Farbe angenommen hat und sich voneinander löst. Die Würfelchen aus dem Wok nehmen.
- Das überschüssige Öl bis auf einen kleinen Rest abgießen, den Wok zurück auf den Herd stellen und bei starker Hitze erwärmen.
- Sichuanpfeffer, geschnittenen Porree und Ingwer, den restlichen Reiswein und die restliche Sojasauce im Wok erwärmen, das Sojageschnetzelte dazugeben und unter ständigem Rühren noch einmal kurz braten. Mit Salz abschmecken.
- Alles auf einem Servierteller anrichten. Mit dem Sesamöl beträufeln und mit dem fein geschnittenen Porree bestreuen.

## *Ameisen klettern auf Bäume* 素蚂蚁上树

*su mayi shangshu*

*75 g Sojagranulat*
*Wasser zum Einweichen*
*1 TL helle Sojasauce*
*1 TL Reiswein*
*1 TL Sesamöl*
*2 TL Öl*
*2 Frühlingszwiebeln*
*2 Knoblauchzehen*
*1 EL fein gehackter Ingwer*
*1 TL scharfe Bohnenpaste (*doubanjiang*)*
*ersatzweise Sambal Oelek*
*150 g Glasnudeln*

***Für die Sauce:***
*2 EL helle Sojasauce*
*2 EL Reiswein*
*1 TL Sesamöl*
*250 ml Gemüsebrühe*
*Salz*
*Zucker*

*grüne Blätter von 2 Frühlingszwiebeln*

- Das Sojagranulat zehn Minuten in kochend heißem Wasser einweichen, anschließend das überschüssige Wasser abgießen und das Granulat gründlich ausdrücken.
- Sojasauce, Reiswein und Sesamöl miteinander vermischen und das Sojagranulat darin mindestens eine Stunde marinieren.
- Das Öl in einem Wok erhitzen, das marinierte Sojagranulat darin zwei Minuten anbraten und wieder aus dem Wok nehmen.
- Die Frühlingszwiebeln und die geschälten Knoblauchzehen fein hacken. Zusammen mit dem gehackten Ingwer und der Chilibohnenpaste in den Wok geben und kurz erhitzen.

- Soja wieder hinzufügen, alles gut miteinander vermischen und weiterbraten.
- Die Glasnudeln mit kochend heißem Wasser überbrühen, etwa zwei Minuten einweichen lassen, anschließend abgießen.
- Sojasauce, Reiswein, Öl und Gemüsebrühe für die ***Sauce*** vermischen, mit Salz und Zucker abschmecken und zum Soja geben.
- Die eingeweichten Glasnudeln hinzugeben, die Hitze reduzieren und alles einige Minuten köcheln lassen, bis die Flüssigkeit eingekocht ist.
- Auf einem Teller anrichten. Das Grün der Frühlingszwiebeln in feine Röllchen schneiden und darüberstreuen.

*Ein Rezept aus Sichuan.*

## *Vegetarisches Zitronenhuhn* 素柠檬鸡

*su ningmeng ji*

*150 g Sojageschnetzeltes*
*300 – 500 ml Wasser zum Einweichen*
*1 Frühlingszwiebel*
*1 EL helle Sojasauce*
*1 EL Reiswein*
*1 gehackte Knoblauchzehe*
*1 EL gehackter Ingwer*
*1 Ei*
*100 g Speisestärke*
*Öl zum Frittieren*

***Für die Sauce:***
*1 TL Speisestärke*
*etwas Wasser*
*4 EL Zitronensaft*
*1 EL Sesamöl*
*4 TL Zucker*
*1 TL Salz*
*5 EL Gemüsebrühe*

- Das Sojageschnetzelte zehn Minuten im kochend heißen Wasser einweichen, anschließend das überschüssige Wasser abgießen und das Geschnetzelte gründlich ausdrücken.
- Die Frühlingszwiebel fein hacken, mit der Sojasauce, dem Reiswein, dem gehackten Knoblauch und dem Ingwer mischen und das Sojageschnetzelte darin zugedeckt für mindestens eine Stunde marinieren.
- Das Ei verquirlen, über das Geschnetzelte geben, anschließend die Speisestärke hinzufügen und alles gründlich miteinander vermischen.
- Das Öl in einem Wok erhitzen. Das Sojageschnetzelte darin frittieren, bis es goldbraun ist, dann auf Küchenkrepp abtropfen lassen.
- Für die ***Sauce*** die Speisestärke in etwas Wasser auflösen.

- Den Zitronensaft, das Sesamöl, den Zucker, das Salz und die Gemüsebrühe miteinander verrühren und bei mittlerer Temperatur im Wok erhitzen. Die Speisestärke hinzufügen und die Sauce kurz aufkochen lassen.
- Das Sojageschnetzelte in die Sauce geben, darin wenden und auf einem Servierteller anrichten.

***Tipp:*** *Anstelle des Sojageschnetzelten kann auch »Mock Chicken« aus dem Asialaden verwendet werden, das aus Seitan hergestellt wird.*

## *Vegetarisches Chilihuhn mit Erdnüssen* 素宫保鸡丁
*su gongbao jiding*

*150 g Sojageschnetzeltes*
*300 – 500 ml Wasser zum Einweichen*
*1 EL Sojasauce*
*1 TL Reiswein*
*1 TL kaltes Wasser*
*2 TL Speisestärke*
*8 kleine, getrocknete Chilischoten*
*2 Knoblauchzehen*
*Öl zum Frittieren*
*75 g geschälte Erdnüsse (ungesalzen)*

***Für die Sauce:***
*1 EL dunkle Sojasauce*
*2 TL helle Sojasauce*
*1 EL Weinessig*
*1 EL Gemüsebrühe oder Wasser*
*einige Tropfen Sesamöl*
*3 TL Zucker*
*1 MSP Salz*
*1 TL Speisestärke*

- Das Sojageschnetzelte zehn Minuten im heißen Wasser einweichen, anschließend die überschüssige Flüssigkeit abgießen und das Soja gut abtropfen lassen.
- Sojasauce, Reiswein, Wasser und Stärke zu einer Marinade verrühren und das Sojageschnetzelte mindestens eine Stunde darin marinieren.
- Für die ***Sauce*** die dunkle und die helle Sojasauce, den Weinessig, die Gemüsebrühe, Sesamöl, Zucker und Salz zu einer Sauce vermischen. Die Speisestärke hinzugeben und alles gut verquirlen.
- Die Chilischoten waschen und in feine Ringe schneiden, den Knoblauch schälen und in feine Scheiben schneiden.
- Das Öl in einem Wok erhitzen und das marinierte Geschnetzelte darin etwa eine Minute frittieren und auf Küchenkrepp abtropfen lassen.

- Etwas Öl im Wok erhitzen, die Chilis darin kurz anrösten, bis sie ihr Aroma entfaltet haben, anschließend den Knoblauch mitbraten.
- Das frittierte Sojageschnetzelte hinzufügen und gut verrühren.
- Die Sauce unter ständigem Rühren hinzufügen.
- Die Erdnüsse in den Wok geben und alles gut miteinander vermischen.

***Tipp:*** *Anstelle des Sojageschnetzelten kann auch »Mock Chicken« aus dem Asialaden verwendet werden, das aus Seitan hergestellt wird.*

*Dieses Gericht stammt aus der Provinz Sichuan.*

## ***Gebratener Seitan mit Currysauce*** 素咖喱牛肉

*gali mianjin*

*400 g Seitan*
*Erdnussöl für den Wok*
*1 EL gehackter Ingwer*
*1 gehackte Knoblauchzehe*
*½ fein gehackte Zwiebel*
*1 gehackte getrocknete Chilischote*
*1 EL Reiswein*
*50 ml Gemüsebrühe*
*1 TL Speisestärke*
*etwas Wasser*
*Salz*
*Zucker*

***Für die Currysauce:***
*100 ml Milch*
*500 ml Gemüsebrühe*
*2 EL Currypulver*
*25 g Weizenmehl*
*1 MSP Salz*
*1 EL fein gehackter Ingwer*
*1 ½ EL Zucker*

- Den Seitan waschen und in Würfel schneiden.
- Die Zutaten für die ***Currysauce*** in einem Topf vermischen und kurz aufkochen lassen.
- Das Öl in einem Wok bei mittlerer Hitze erwärmen. Den Seitan hineingeben und unter Rühren braten, bis er gar ist.
- Das Öl bis auf einen kleinen Rest abgießen. Die Currysauce und den gehackten Ingwer, den Knoblauch, die Zwiebeln und die Chilischote in den Wok geben und schmoren.
- Den Seitan, den Reiswein und die Gemüsebrühe hinzufügen.

- Die Stärke in etwas Wasser auflösen und dazugeben. Etwa zwei Minuten unter Umrühren braten.
- Mit Salz und Zucker abschmecken und sofort servieren.

***Tipp:*** *Anstelle des Seitans können auch Austernpilze verwendet werden.*

*Dieses Gericht stammt aus der Provinz Guangdong.*

## ***Vegetarisches Huhn in Currysauce*** 素咖喱鸡肉

*su gali jirou*

*750 g Sojageschnetzeltes*
*1 l Wasser zum Einweichen*
*250 g Kartoffeln*
*100 g Zwiebeln*
*Erdnussöl für den Wok*
*500 ml Gemüsebrühe*
*2 EL Reiswein*
*1 MSP Salz*
*1 ½ EL Zucker*
*3 getrocknete Chilischoten*
*1 EL fein gehackter Ingwer*
*2 EL Currypulver*
*100 ml Milch*
*50 ml Kokosmilch*
*etwas Wasser*
*2 TL Speisestärke*

- Das Sojageschnetzelte etwa zehn Minuten im kochend heißen Wasser einweichen, dann die überschüssige Flüssigkeit abgießen und das Geschnetzelte gründlich auspressen.
- Die Kartoffeln schälen und in rautenförmige Stücke schneiden. Die Zwiebeln schälen und fein hacken.
- Das Öl in einem Wok erhitzen und das Sojageschnetzelte darin braten, anschließend wieder aus dem Wok nehmen.
- Die Kartoffeln ebenfalls in diesem Öl braten, bis sie goldbraun sind und auf Küchenkrepp abtropfen lassen. Das Öl bis auf einen kleinen Rest abgießen.
- Die Gemüsebrühe, Reiswein, Salz, Zucker und das gebratene Soja in den Wok geben.
- In einer zweiten Pfanne die Chilis, den Ingwer, die Zwiebeln und das Currypulver unter ständigem Rühren in etwas Öl anbraten.
- Den Pfanneninhalt und die Kartoffeln zum Soja geben und alles zusammen aufkochen lassen.

- Wenn die Brühe sprudelnd kocht, das Sojageschnetzelte und die Kartoffeln aus dem Wok nehmen und in eine feuerfeste Schüssel füllen.
- Die Schüssel in einen Bambusdämpfkorb stellen und in einem Topf über Wasserdampf etwa zwanzig Minuten garen.
- Die Gemüsebrühe durch ein Sieb passieren und wieder in den Wok geben. Die Milch und die Kokosmilch hinzufügen und aufkochen lassen.
- Das Sojageschnetzelte und die Kartoffeln auf einem Teller anrichten.
- Die in Wasser gelöste Stärke zur Sauce geben. Die Sauce eindicken und über das Geschnetzelte und die Kartoffeln gießen.

*Ein Rezept aus Guangdong.*

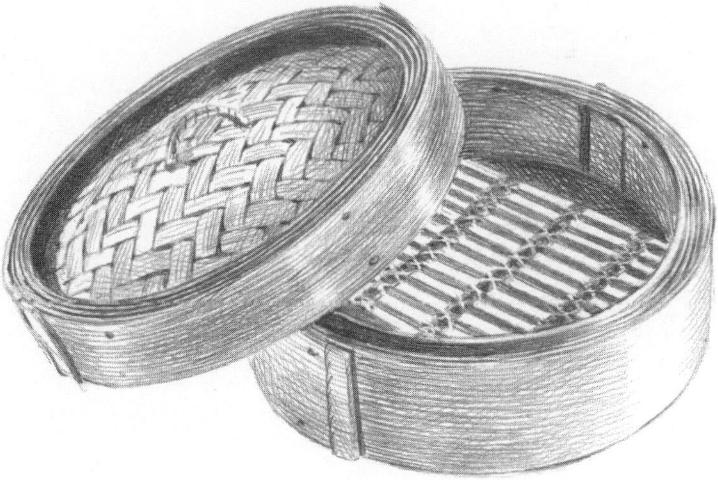

# Reis, Teigtaschen und Brötchen

Reis gilt als wichtigstes Grundnahrungsmittel Chinas; dass jedoch im Norden vor allem Weizen angebaut wird und im ganzen Land viele Nudelgerichte, Teigtaschen und Dampfbrötchen aller Art gegessen werden, ist weniger bekannt. Neben gekochtem und gebratenem Langkornreis werden außerdem viele Gerichte aus dem stärkereicheren Klebreis zubereitet – von der Suppe über gefüllte Klöße *(zongzi)* bis zu Süßspeisen wie dem Reispudding »Acht Kostbarkeiten« *(laba zhou)*.

## ***Gebratener Reis Yangzhou-Stil*** 扬州炒饭

*yangzhou chao fan*

*200 g Reis*
*400 ml Wasser*
*1 kleine Möhre*
*1 Frühlingszwiebel*
*1 Hand voll grüne Erbsen*
*5 Shiitakepilze*
*2 Eier*
*Öl für den Wok*
*1 EL Reiswein*
*1 TL Sojasauce*
*Salz*

- Den Reis in das kochende Wasser geben und bei geringer Wärmezufuhr garen.
- In der Zwischenzeit die Möhre schälen und in feine Streifen schneiden, die Frühlingszwiebel putzen und fein hacken. Die Erbsen waschen und in etwas Wasser gar kochen.
- Die Pilze putzen und in feine Würfel schneiden.
- Die Eier in einer Schüssel aufschlagen und leicht verquirlen.
- Etwas Öl in einem Wok erhitzen, die gehackte Frühlingszwiebel und die Pilze darin anschwitzen.
- Das verquirlte Ei hinzugeben und leicht stocken lassen, dann die Möhren und die Erbsen zugeben, schließlich den gegarten Reis zufügen und alles miteinander vermengen.
- Den Reis zum Schluss mit Reiswein, Sojasauce und Salz abschmecken.

*Dieses spezielle Reisgericht stammt aus der Stadt Yangzhou, ist aber in vielen Teilen Chinas sehr bekannt und mittlerweile zu einer Art Klassiker der chinesischen Küche geworden. Dieser Reis wird im Original mit Krabben und Schinken zubereitet, in dieser vegetarischen Variante werden sie aber durch Möhren ersetzt.*

## ***Gedämpfte Brötchen*** 馒头

*mantou*

*3 EL Zucker*
*250 ml warmes Wasser*
*1 ½ TL Trockenhefe oder 10 g frische Hefe*
*400 g Weizenmehl*
*2 EL Öl*
*1 ½ TL Backpulver*

- Den Zucker im warmen Wasser auflösen, die Hefe hinzufügen und gut verrühren. Die Mischung zehn Minuten an einem warmen Ort gehen lassen.
- Das Mehl in eine Schüssel sieben, Öl und die Hefemischung hinzufügen, mit einem Holzlöffel verrühren und anschließend kräftig durchkneten, bis ein geschmeidiger Teig entsteht.
- Den Teig zweieinhalb Stunden abgedeckt an einem warmen Ort gehen lassen, bis sich das Volumen des Teigs deutlich vergrößert hat.
- Das Backpulver zum Teig geben und nochmals kräftig durchkneten.
- Den Teig zu einer langen Rolle von etwa dreißig Zentimeter Länge formen. Von der Rolle etwa fünf Zentimeter breite Stücke abschneiden und diese noch einmal fünfzehn Minuten gehen lassen.
- Die *mantou* in einen Dämpfeinsatz oder einen Bambusdämpfkorb geben und etwa fünfzehn Minuten über Wasser dämpfen.

***Tipp:*** *Damit die* mantou *nicht in dem Dämpfkorb festkleben, jedes Brötchen auf ein Stück Backpapier setzen.*

## Gedämpfte Kürbisbrötchen 南瓜馒头

*nangua mantou*

*250 g Kürbis*
*1 Päckchen Trockenhefe*
*1 TL Zucker*
*100 ml lauwarmes Wasser*
*500 g Weizenmehl*

- Den Kürbis schälen, in Stücke schneiden und so lange dämpfen, bis er weich ist, dann zerstampfen.
- Die Hefe und den Zucker in das warme Wasser geben und dreißig Minuten gehen lassen.
- Den Kürbisbrei und das Mehl vermischen, die Hefe hinzugeben und alles gut durchkneten, sodass ein geschmeidiger Teig entsteht.
- Den Teig abgedeckt zwei Stunden an einem warmen Ort gehen lassen.
- Den Teig noch einmal gut durchkneten, acht bis zwölf gleich große Kugeln formen und auf einer bemehlten Fläche abgedeckt noch einmal zwanzig Minuten gehen lassen.
- Die *mantou* in einen Dämpfeinsatz oder einen Bambusdämpfkorb geben und etwa zwanzig Minuten über Wasser dämpfen, bis sie deutlich aufgegangen sind.

## ***Gefüllte Dampfbrötchen*** 大菜包

*da caibao*

*1 Grundrezept für gedämpfte Brötchen (siehe Rezept auf Seite 122)*

*100 g grünes Blattgemüse (z. B. Blattspinat oder Pak Choi)*
*100 g Shiitakepilze*
*100 g Möhren*
*100 g Bambussprossen*
*1 EL Öl für den Wok*
*1 EL gehackter Ingwer*
*1 TL gekörnte Gemüsebrühe*
*Salz*
*Zucker*
*einige Chinakohlblätter*

- Den Hefeteig für die Dampfbrötchen zubereiten.
- Während der Teig geht, das Gemüse und die Pilze putzen, sehr fein hacken und miteinander vermischen.
- Das Öl in einem Wok erhitzen und das Gemüse darin anbraten. Den Ingwer und die gekörnte Brühe hinzufügen und alles gut miteinander vermischen.
- Mit Salz und Zucker abschmecken und abkühlen lassen.
- Aus dem vorbereiteten Hefeteig zunächst kleine Klöße formen, diese dann zu flachen runden Fladen formen. In die Mitte jeweils etwas von der Gemüsefüllung geben und den Teig gut verschließen, indem die Teigränder über der Füllung zusammengefasst werden und der dabei entstehende Knoten etwas gedreht wird.
- Einen Bambusdämpfkorb mit Kohlblättern auslegen, die Dampfbrötchen daraufsetzen und zwanzig Minuten bei großer Hitze über Wasser dämpfen.

## Sesambrötchen 烧饼

*shaobing*

*300 g Weizenmehl*
*300 ml warmes Wasser*
*100 ml kaltes Wasser*
*100 ml Erdnussöl*
*1 MSP Salz*
*50 g geschälter Sesam*

- Die Hälfte des Mehls in eine Schüssel sieben und mit dem warmen Wasser verkneten, dann das kalte Wasser hinzugeben und alles zu einem geschmeidigen Teig verarbeiten. Den Teig mindestens dreißig Minuten ruhen lassen.
- Das restliche Mehl mit dem Öl vermischen. Den Teig etwa zehn Minuten an einem warmen Ort ruhen lassen.
- Beide Teige jeweils zu einer langen Rolle von etwa vier Zentimeter Durchmesser formen und in einzelne Stücke von vier Zentimeter Länge schneiden.
- Jeweils ein Teigstück des ersten Teiges flachdrücken, mit Mehl bestäuben und leicht salzen. Jeweils einen Ölteigfladen darauflegen und beide Teigstücke so zusammendrücken, dass sie gut miteinander verbunden sind.
- Den Sesam über die Brötchen streuen und leicht in den Teig eindrücken.
- Den Backofen auf 150 – 160 °C vorheizen. Die Brötchen auf ein mit Backpapier ausgelegtes Backblech legen und zehn Minuten im Ofen backen, die Brötchen nach der Hälfte der Backzeit wenden.

***Tipp:*** *Die Brötchen können auch mit Gemüse gefüllt werden.*

*Diese kleinen Sesambrötchen stammen aus der iranischen Küche. Während der Tang-Dynastie gelangten sie durch iranische Einwanderer nach China.*

## *Gefüllte Teigtaschen* 饺子

*jiaozi*

*300 g Weizenmehl*
*1 TL Salz*
*150 ml lauwarmes Wasser*
*50 g Pilze (Champignons oder Shiitakepilze)*
*250 g Chinakohl*
*100 g Tofu*
*Öl für den Wok*
*Salz*
*etwas Öl*
*chinesischer roter Essig*
*Sojasauce*

- Das Mehl in eine Schüssel sieben, das Salz hinzufügen, beides miteinander vermischen. So viel warmes Wasser hinzugeben, bis ein elastischer Teig entsteht, diesen kräftig durchkneten.
- Die Pilze und das Gemüse putzen und sehr fein hacken, den Tofu ebenfalls fein hacken und zum Gemüse geben.
- Etwas Öl in einem Wok erhitzen, das Gemüse darin kurz braten, mit etwas Salz würzen und abkühlen lassen.
- Den Teig nochmals gut durchkneten, anschließend dünn ausrollen. Mit einem Glas oder einer Tasse Kreise ausstechen.
- Jeweils einen Teigkreis in die Hand nehmen und einen Teelöffel von der Füllung in die Mitte geben, dann zu einem Halbkreis zusammenklappen und die Teigränder gut verschließen. Die Teigtaschen mit den Nahtstellen nach oben auf einen geölten Teller legen.
- In einem Topf reichlich Salzwasser zum Kochen bringen und die Teigtaschen bei mittlerer Temperatur darin ziehen lassen. Die kleinen Teigtaschen sind fertig, wenn sie an der Oberfläche schwimmen.
- Dazu werden chinesischer Essig und Sojasauce gereicht, in die die *jiaozi* vor dem Verzehr eingetunkt werden.

***Tipp:*** Jiaozi *sind in China sehr beliebt und werden das ganze Jahr über mit unterschiedlichen Füllungen zubereitet.*

*Beim chinesischen Neujahrsfest sind gefüllte Teigtaschen unverzichtbar. Sie werden wie chinesische Goldbarren geformt und sollen künftigen Reichtum symbolisieren. Das Gemüse in der Füllung soll ebenfalls Reichtum symbolisieren, da die Silben für Gemüse und für Reichtum den gleichen Laut* cai *im Chinesischen haben.*
*Traditionell wird zum Neujahrsfest in einer Teigtasche auch manchmal eine Münze versteckt. Wer diese bekommt, soll im neuen Jahr mit Glück und Reichtum gesegnet sein. Alternativ wird eine Erdnuss für ein langes Leben oder eine Jujube, die für Liebe und Wachstum steht, verwendet.*

## *Mandarin-Pfannkuchen* 薄饼

*bo bing*

*500 g Weizenmehl*
*300 ml Wasser*
*2 TL dunkles Sesam- oder Erdnussöl*
*Öl für den Wok*

- Das Mehl in eine Schüssel sieben.
- Das Wasser zum Kochen bringen und zusammen mit dem Sesamöl zum Mehl in die Schüssel geben.
- Alles mit einem Holzlöffel verrühren, bis ein lockerer, klümpchenfreier Teig entstanden ist. Den abgekühlten Teig durchkneten und eine Stunde ruhen lassen.
- Den Teig in zwanzig gleich große Portionen teilen, jeweils mit der Handfläche flachdrücken und auf einer Seite mit Öl bepinseln.
- Jeweils zwei Pfannkuchen mit den geölten Flächen aufeinanderlegen und mit dem Nudelholz auf eine Größe von etwa fünfzehn Zentimeter Durchmesser ausrollen.
- Das Öl in einem Wok erhitzen, die Pfannkuchen ein bis zwei Minuten von jeder Seite hellgelb braten.
- Pfannkuchen aus dem Wok nehmen und die beiden Fladen vorsichtig voneinander trennen. Die Pfannkuchen zwei Mal falten und unter einem Tuch warm halten.
- Die Pfannkuchen werden besonders zart, wenn sie nach der Zubereitung noch fünf Minuten in einem Bambusdämpfkorb gedämpft werden.

*Mandarin-Pfannkuchen sind die klassische Beilage zur Pekingente oder zur vegetarischen Ente (siehe Seite 102), können aber auch zu Gemüsegerichten gereicht werden. Dazu den Pfannkuchen auf dem Teller ausbreiten, zuerst etwas Sauce, dann etwas Gemüse darauf verteilen. Den Pfannkuchen zusammenklappen und mit den Essstäbchen zum Munde führen.*

## *Topfkleber – Gebratene jiaozi* 锅贴

*guotie*

*250 g Weizenmehl*
*1 MSP Salz*
*100 ml warmes Wasser*
*1 Bund Chinesischer Schnittlauch*
*2 Eier*
*Salz*
*Öl für den Wok*
*chinesischer roter Essig*
*Sojasauce*

- Das Mehl in eine Schüssel sieben, salzen und so viel warmes Wasser hinzufügen, bis ein geschmeidiger Teig entsteht. Den Teig auf einer bemehlten Fläche gut durchkneten und kurz ruhen lassen.
- Für die Füllung den Schnittlauch in feine Röllchen hacken.
- Die Eier aufschlagen, salzen und gut verquirlen.
- Etwas Öl in einem Wok erhitzen, den Schnittlauch hinzufügen und kurz braten, dann die Eier hinzugeben und unter ständigem Rühren so lange braten, bis die Eiermasse fest geworden ist.
- Den Teig nochmals gut durchkneten, anschließend dünn ausrollen. Mit einem Glas oder einer Tasse Kreise ausstechen.
- Jeweils einen Teigkreis in die Hand nehmen und einen Teelöffel von der Füllung in die Mitte geben, dann den Teig zu einem Halbkreis zusammenklappen und die Teigränder gut miteinander verschließen. Die Teigtaschen mit den Nahtstellen nach oben auf einen geölten Teller legen.
- Etwas Öl im Wok erhitzen, die Teigtaschen mit den Nähten nach oben hineinsetzen, kurz anbraten, bis der Teigboden leicht gebräunt ist.
- Etwas Wasser in den Wok geben, einen Deckel auf den Wok setzen und die Teigtaschen dämpfen, bis sie gar sind und das Wasser vollständig verdampft ist. Noch etwas Öl in den Wok geben und die Teigtaschen braten, bis der Teigboden knusprig ist.
- Auf Küchenkrepp kurz abtropfen lassen und sofort servieren.
- Dazu werden roter Essig und Sojasauce gereicht, in die die *guotie* getunkt werden.

## *Teigtaschen mit Glasnudeln* 粉丝素饺

*fensi su jiao*

***Für den Teig:***
*200 g Reismehl*
*200 ml lauwarmes Wasser*
*1 MSP Salz*
*2 TL Öl*

***Für die Füllung:***
*4 getrocknete Shiitakepilze*
*Wasser zum Einweichen*
*50 g Glasnudeln*
*50 g Champignons*
*1 kleine Möhre*
*1 Frühlingszwiebel*
*50 g Sojasprossen*
*50 g Chinakohl*
*Öl zum Braten*
*1 EL Speisestärke*

***Für die Sauce:***
*1 TL Salz*
*1 EL Sojasauce*
*1 EL Reiswein*
*1 TL Sesamöl*
*1 MSP Pfeffer*

- Für den ***Teig*** Mehl, Wasser, Salz und Öl miteinander verrühren, kräftig durchkneten und zwanzig Minuten ruhen lassen.
- Für die ***Füllung*** die Shiitakepilze zehn Minuten in warmem Wasser einweichen, die Glasnudeln nach Packungsanweisung zwei bis fünf Minuten in kochend heißem Wasser einweichen.
- Das restliche Gemüse putzen, fein hacken und in etwas Öl kurz anbraten.

- Die Nudeln und die Pilze abgießen und klein schneiden, beides mit dem gebratenen Gemüse und der Speisestärke vermischen.
- Den Teig dünn ausrollen und mit einem Glas Kreise ausstechen. In die Mitte jedes Teigkreises jeweils einen Teelöffel von der Füllung geben, die Teigränder zusammenklappen und festdrücken, sodass eine halbmondförmige Teigtasche entsteht.
- Die Teigtaschen in einen Bambusdämpfkorb geben und über Wasserdampf zehn Minuten zugedeckt garen.
- Die Zutaten für die ***Sauce*** in einem Topf erhitzen, leicht einkochen lassen und zusammen mit den Teigtaschen servieren.

*Die gefüllten Teigtaschen sind eine Spezialität aus Südchina.*

## Frühlingsrolle mit Gemüse und Ei

春卷

*chun juan*

***Für den Teig:***
*250 g Weizenmehl*
*1 Ei*
*100 ml warmes Wasser*

*Öl zum Braten und Frittieren*

***Für die Füllung:***
*1 Bund Chinesischer Schnittlauch*
*2 Eier*
*Salz*

- Für den ***Teig*** das Mehl in eine Schüssel sieben, das Ei hinzufügen und so viel warmes Wasser unter Rühren hinzugeben, bis ein klümpchenfreier flüssiger Teig entsteht.
- Eine beschichtete Pfanne mit Öl einreiben und erhitzen.
- Die Pfanne vom Herd nehmen und mit einer Schöpfkelle etwas Teig einfüllen, dabei die Pfanne schwenken, damit sich der Teig gut verteilt und so ein möglichst dünner Pfannkuchen entsteht.
- Die Pfanne zurück auf den Herd stellen und bei geringer Wärmezufuhr den Pfannkuchen fest werden lassen. Der Pfannkuchen soll nicht braun gebraten sein, sondern nur eine feste Konsistenz erhalten. Auf Küchenkrepp beiseite stellen.
- Auf diese Weise auch den restlichen Teig zu dünnen Pfannkuchen verarbeiten. Etwas von dem Teig übrig behalten, um die Frühlingsrollen später zu verkleben.
- Für die ***Füllung*** den Schnittlauch waschen und in feine Röllchen schneiden. Die Eier verquirlen und salzen.
- Etwas Öl in einem Wok erhitzen, den Schnittlauch hinzugeben, kurz anbraten, dann die Eier hinzufügen und unter ständigem Rühren stocken lassen.

- Jeweils etwas von der Gemüse-Eier-Masse in die Mitte eines Pfannkuchens geben, eine Seite des Pfannkuchens über die Füllung schlagen, die kurzen Enden einklappen und dann die andere Seite darüberschlagen (dabei die einzelnen Lagen mit flüssigem Teig verkleben).
- Reichlich Öl im Wok erhitzen und die Frühlingsrollen schwimmend im Fett von beiden Seiten goldbraun frittieren. Aus dem Wok nehmen, auf Küchenkrepp abtropfen lassen und sofort servieren.

## ***Gebackene Fladen mit Gemüsefüllung*** 油炸蔬菜饼

*youzha shucai bing*

*200 g Weizenmehl*
*1 MSP Salz*
*50 – 100 ml Wasser*
*200 g Chinakohl*
*100 g Möhren*
*50 g Sojasprossen*
*Öl für den Wok und die Pfanne*
*1 EL Sojasauce*

- Das Mehl in eine Schüssel sieben. Das Salz und so viel Wasser dazugeben, bis ein klümpchenfreier Teig entstanden ist. Anschließend zu einem geschmeidigen Teig verkneten.
- Das Gemüse waschen und sehr fein hacken.
- Das Öl in einem Wok erhitzen und das Gemüse darin garen, die Sojasauce hinzufügen und alles gründlich vermischen.
- Den Teig in acht Stücke teilen, jedes Teigstück zu einem dünnen Fladen ausrollen und etwas von der Gemüsemischung daraufgeben.
- Die Teigränder über der Füllung zusammenraffen, sodass ein Knoten entsteht, und durch leichtes Drehen verschließen.
- Die Teigtaschen flachdrücken und möglichst dünn ausrollen.
- Ausreichend Öl in einer schweren Pfanne bei geringer Wärmezufuhr erhitzen, die Teigtaschen hineingeben und so lange braten, bis die Unterseiten eine goldgelbe Farbe angenommen haben, dann wenden und von den anderen Seiten braten.

## Frittierte Kartoffelklöße 油炸土豆球

*youzha tudouqiu*

*300 g Kartoffeln*
*50 g Weizenmehl*
*1 MSP Salz*
*½ TL Fünf-Gewürze-Pulver*
*1 TL gehackter Ingwer*
*1 TL gehackter Porree*
*Öl zum Frittieren*

***Für die Currysauce:***
*100 ml Milch*
*500 ml Gemüsebrühe*
*2 EL Currypulver*
*25 g Weizenmehl*
*1 MSP Salz*
*1 EL fein gehackter Ingwer*
*1 ½ EL Zucker*

- Die Kartoffeln waschen, in der Schale kochen, anschließend pellen und zerstampfen.
- Das Mehl, das Salz, das Fünf-Gewürze-Pulver, den Ingwer und den Porree zu dem Kartoffelpüree hinzufügen. Gut vermischen und aus dem Teig kleine Klöße von etwa drei Zentimeter Durchmesser formen.
- Die Zutaten für die ***Currysauce*** in einem Topf vermischen und kurz aufkochen lassen.
- Öl in einem Wok erhitzen, die Klöße darin frittieren, bis sie goldbraun sind und sofort mit der Currysauce servieren.

*Die Kartoffelklöße sind eine Spezialität Nordostchinas.*

## ***Reispudding »Acht Kostbarkeiten«*** 腊八粥

*laba zhou*

*200 g Klebreis*
*300 ml Wasser*
*250 g Zucker*
*10 kandierte Jujube (Chinesische Datteln)*
*5 kandierte grüne chinesische Essigpflaumen*
*4 kandierte Wachskürbisschalen*
*10 getrocknete Longans*
*2 EL Rosinen*
*1 TL Wassermelonenkerne*
*20 gekochte Lotoskerne*
*15 Sonnenblumenkerne*
*1 TL Speisestärke*
*etwas Wasser*
*etwas Öl*
*50 ml Wasser*
*1 EL Weißdorngeleewürfel*

- Den Klebreis waschen und in reichlich Wasser (sodass der Reis gut mit Wasser bedeckt ist) garen, anschließend mit hundertfünfzig Gramm Zucker vermischen.
- Die Datteln, Essigpflaumen, Wachskürbisschalen und die Longans klein schneiden und mit den Rosinen, Wassermelonenkernen, Lotoskernen und den Sonnenblumenkernen mischen. Die Stärke in etwas Wasser auflösen.
- Eine feuerfeste Schüssel mit etwas Öl auspinseln und einen Teil der Früchtemischung in die Mitte der Schüssel geben.
- Den Rest der Früchte mit dem Reis vermischen. Den Reis auf die Früchte in der Schüssel geben.
- Die Schüssel in einen Dämpfeinsatz stellen und den Pudding etwa eine halbe Stunde über Wasserdampf garen. Den Inhalt der Schüssel auf einen Teller stürzen.
- Den restlichen Zucker mit dem Wasser zum Kochen bringen.

- Die aufgelöste Stärke hinzugeben und so lange kochen, bis die Flüssigkeit eingedickt ist, dann über den Pudding geben.
- Mit Weißdorngeleewürfeln garnieren und servieren.

***Tipp:*** *Es können statt der Chinesischen Datteln oder Essigpflaumen auch andere kandierte Früchte wie Orangen oder Zitronen verwendet werden.*

*Am 8. Tag des 12. Mondmonats beginnen in China die ersten Feierlichkeiten anlässlich des Frühlingsfestes, denn an diesem Tag findet das Laba-Fest statt. Das Laba-Fest ist ein traditionelles Fest der Han-Chinesen, das seit dem 5. Jahrhundert nach Christus gefeiert wird. Der Name* laba *lässt sich wie folgt übersetzen: Die erste Silbe* la *bezeichnet im Chinesischen den 12. Monat des Mondkalenders, die Silbe* ba *bedeutet »acht«. An diesem Tag wird der berühmte* laba zhou, *ein süßer Reispudding, der aufgrund der Parallele zum 8. Tag mit acht verschiedenen Sorten von getrockneten Früchten zubereitet wird, serviert. Die Zubereitung und die Zutaten variieren von Region zu Region. Die Tradition der Zubereitung des Reispuddings, mit der Buddhisten Buddha an diesem Tag danken, soll auf eine buddhistische Legende zurückgehen. Auch die Lautähnlichkeit zur chinesischen Silbe* fa, *(»Wohlstand«) spielt eine entscheidende Rolle – mit dem* laba zhou *sollen Glück und Reichtum im kommenden Jahr erbeten werden.*

## *Klebreisplätzchen mit Gemüse* 蔬菜年糕

*shucai nian gao*

*200 g nian gao (Reiskuchen)*
*200 g Chinakohl*
*100 g Möhren*
*Öl für den Wok*
*1 EL Sojasauce*
*Salz*

- *Nian gao* kurz in etwas Wasser kochen und dann abtropfen lassen.
- Den Chinakohl waschen und klein schneiden, die Möhren schälen und in feine Streifen schneiden.
- Das Öl in einem Wok erhitzen, den Reiskuchen kurz darin anbraten.
- Den Chinakohl und die Möhrenstreifen hinzufügen und weiterbraten.
- Mit Sojasauce und Salz abschmecken, alles gut vermischen und sofort servieren.

***Tipp:*** Nian gao *ist in asiatischen Lebensmittelgeschäften erhältlich.*

Nian gao *symbolisiert den Wunsch nach einer Verbesserung der sozialen und finanziellen Stellung.*
*Nach dem Mondkalender findet am 23. Tag des 12. Monats ein Fest zu Ehren des Küchengottes statt, der über das Wohl der Familie wacht. Nach einer Sage reist der Küchengott einmal im Jahr in den Himmel, um dem Jadekaiser einen Bericht über die guten und bösen Taten der einzelnen Familienmitglieder zu liefern. Der Jadekaiser entscheidet dann, ob die Familie im neuen Jahr belohnt oder bestraft wird. Damit der Bericht des Küchengottes positiv ausfällt und ihm keine schlechten Worte über die Lippen kommen, versuchen Chinesen, ihm »Honig ums Maul zu schmieren« und opfern ihm daher klebrige Süßspeisen wie* nian gao *und versuchen ihn so milde zu stimmen.*

## ***Gebackener Fladen mit Eierfüllung*** 烤蛋糕

*kao dangao*

*etwas Porree (ein Stück von etwa 5 cm)*
*200 g Weizenmehl*
*50 – 100 ml warmes Wasser*
*etwas Öl*
*3 Eier*
*Salz*
*Öl für den Wok*

- Den Porree fein hacken.
- Das Mehl mit so viel warmem Wasser vermischen, dass ein geschmeidiger Knetteig entsteht.
- Den Teig zu einem Fladen von etwa zwanzig Zentimeter Durchmesser ausrollen, mit Öl bepinseln und den Porree darauf verteilen.
- Eine Seite des Teiges über die Füllung schlagen, sodass eine Teigtasche entsteht und der Porree eingeschlossen ist. Den Teig flachdrücken und erneut ausrollen.
- Die Eier in eine Schüssel aufschlagen, verquirlen und salzen.
- Das Öl in einem Wok bei geringer Wärmezufuhr erhitzen und den Fladen von einer Seite braten.
- Wenn sich die Teigoberfläche wölbt, den Fladen aus dem Wok nehmen, vorsichtig ein Loch in die Mitte der oberen Kruste stechen. Die Kruste leicht anheben und die Eiermasse langsam hineinfüllen, dabei einen Löffel oder ein Messer zu Hilfe nehmen.
- Das Loch anschließend wieder mit dem Teig verschließen.
- Den Fladen erneut in dem Wok geben und weiterbraten, bis das Ei leicht gestockt ist. Den Fladen umdrehen und von der anderen Seite goldbraun braten.
- Den fertigen Fladen vierteln und warm servieren.

*Ein Rezept aus Kaifeng in der Provinz Henan.*

# Eierspeisen

Eier sind in China ein Symbol für Furchtbarkeit. Wenn ein Baby geboren wird, verteilen die Eltern in manchen Regionen hartgekochte Eier, um die Geburt des Kindes zu verkünden. Manchmal lässt sich dabei von der Anzahl der verschenkten Eier auf das Geschlecht des Kindes schließen: Eine gerade Zahl steht für ein Mädchen, eine ungerade für einen Jungen. Eine besondere Spezialität sind die sogenannten »Hundertjährigen Eier«, deren Aussehen und Geschmack für Europäer etwas gewöhnungsbedürftig sind.

## ***Eierpfannkuchen*** 鸡蛋煎饼

*jidan jianbing*

*3 Eier*
*Salz*
*Erdnussöl für den Wok*
*1 TL fein geschnittener Porree oder Schnittlauch*

- Die Eier in einer Schüssel aufschlagen, verquirlen und anschließend salzen.
- Etwas Öl in einem Wok bei großer Hitze erwärmen, dann auf eine niedrige Temperatur herunterschalten.
- Die verquirlten Eier in den Wok geben und etwas stocken lassen.
- Mit dem Porree oder dem Schnittlauch bestreuen.
- Den Pfannkuchen etwa drei Minuten von der einen Seite braten, dann wenden und eine weitere Minute braten.

## ***Tomaten mit Eiern*** 西红柿蛋

*xihongshi dan*

*350 g Tomaten*
*6 Eier*
*Salz*
*3 – 4 EL Öl für den Wok*

- Die Tomaten waschen und in kleine Stücke schneiden.
- Die Eier in eine Schüssel aufschlagen, salzen und gründlich verquirlen.
- Das Öl in einem Wok erhitzen und die Eier bei mittlerer Hitze darin braten.
- Die Tomaten in den Wok geben, wenn das Rührei fest geworden ist. Alles miteinander verrühren und drei Minuten weiterbraten.

***Tipp:*** *Die Tomaten können auch vorher mit Wasser überbrüht und gehäutet werden.*
*Anstelle der Tomaten sind für das chinesische Rührei auch Möhrenwürfelchen oder Chinesischer Schnittlauch sehr beliebt. Diese drei Rühreivarianten werden vor allem in der nordchinesischen Küche auch gerne als Füllungen für Teigtaschen* (jiaozi, *siehe Seite 126) verwendet.*

## ***Hundertjährige Eier mit grünem Paprika***

*qingshu ban songhuadan*

青淑拌松花蛋

*2 Hundertjährige Eier*
*150 g grüne Paprikaschoten*
*1 rote Peperoni*
*1 TL Sesamöl*
*1 TL Essig*
*1 TL Sojasauce*

- Die Eier aus der Schale pellen, vierteln und auf einem Teller anrichten.
- Die Paprika waschen und in mundgerechte Rauten schneiden. Die Peperoni waschen und in Ringe schneiden.
- Das Sesamöl in einem Wok erhitzen, die Peperoni hineingeben und kurz rösten, bis sie ihr Aroma entwickelt und sofort wieder aus dem Wok nehmen.
- Die Paprika in dem aromatisierten Öl braten. Kurz vor Ende des Bratvorgangs den Essig und die Sojasauce hinzugeben, alles miteinander vermischen und über die Eier geben.

***Tipp:*** *Die Hundertjährigen Eier sind häufig in gut sortierten Asienläden erhältlich und können beispielsweise als Vorspeise serviert werden, wenn auch das Aussehen und der Geschmack etwas eigentümlich sind.*

*Hundertjährige Eier sind eine besondere Spezialität. Sie sind keineswegs hundert Jahre alt. Es handelt sich vielmehr um Enteneier, die mit einer Schicht aus Lehm, Asche, Reisspelzen und anderen regional unterschiedlichen Zutaten ummantelt werden. Nach einigen Wochen ist das Ei fest geworden, das Eiweiß ist dunkelgrün, das Dotter schimmert schwärzlich.*

## *Fischduft-Omelett* 鱼香烘蛋
*yuxiang hongdan*

***Für die Sauce:***
*2 kleine Scheiben Ingwer*
*2 Knoblauchzehen*
*6 Wasserkastanien*
*1 Frühlingszwiebel*
*3 EL Öl*
*2 EL Sambal Oelek*
*1 EL Essig*
*1 EL Zucker*
*1 EL Sojasauce*
*1 EL Sesamöl*
*150 ml Gemüsebrühe*
*Salz*
*etwas Wasser*
*1 TL Speisestärke*

***Für das Omelett:***
*1 TL Speisestärke*
*etwas Wasser*
*6 Eier*
*1 MSP Salz*
*1 Frühlingszwiebel*
*Öl für den Wok*

- Für die ***Sauce*** den Ingwer, den Knoblauch und die Wasserkastanien schälen und fein hacken. Die Frühlingszwiebel putzen und fein würfeln.
- Das Öl in einem Wok erhitzen, die Frühlingszwiebel, den Ingwer und den Knoblauch darin anschwitzen, bis sich das Aroma entwickelt.
- Sambal Oelek, die gehackten Wasserkastanien, Essig, Zucker, Sojasauce, Sesamöl, Gemüsebrühe und das Salz hinzugeben und einige Minuten kochen lassen, sodass die Sauce eindickt. Mit Salz abschmecken und mit der in Wasser aufgelösten Stärke binden.

- Für das ***Omelett*** die Stärke in etwas Wasser auflösen, die Eier, das Salz und die gehackte Frühlingszwiebel hinzugeben und alles miteinander verrühren.
- Etwas Öl in einem Wok erhitzen, die Eiermasse hineingeben und stocken lassen. Das Omelett wenden und von der anderen Seite braten.
- Das Omelett auf einen Teller geben, mit der Sauce übergießen und sofort servieren.

# Suppen und Mongolischer Feuertopf

Eine Suppe fehlt in China bei kaum einer Mahlzeit. Sie wird getrunken oder besser gesagt lautstark geschlürft und ist nicht selten das einzige Getränk bei Tisch. Suppen haben häufig auch eine gesundheitsfördernde Wirkung, besonders im Winter werden sie gerne mit bestimmten Heilkräutern und Ingwer gereicht. Beim Mongolischen Feuertopf – dem chinesischen Pendant zum Fondue – werden die Zutaten wie bei einer Suppe in Gemüsebrühe gegart, aber am Tisch in einem speziellen Messingtopf zubereitet.

## *Tomatensuppe mit Eierblüten* 番茄蛋花汤

*fanqie danhuatang*

*500 g Tomaten*
*1 Stange Porree*
*4 Eier*
*½ l Wasser*
*1 – 2 EL Öl*
*Salz*
*Pfeffer*

- Die Tomaten waschen, mit kochend heißem Wasser überbrühen, häuten und in Stücke schneiden. Den Porree putzen und in Ringe schneiden.
- Die Eier in eine Schüssel aufschlagen und verquirlen.
- Das Wasser, das Öl und die Tomatenstückchen in einen Topf geben und zum Kochen bringen. Sobald die Suppe kocht, die verquirlten Eier in den Topf geben.
- Die Suppe mit Salz und Pfeffer abschmecken.
- Den Porree in die Suppe geben, erneut aufkochen lassen und servieren.

## *Hun-Tun-Suppe* 馄饨汤

*hun tun tang*

***Für den Teig:***
*200 g Weizenmehl*
*1 Ei*
*1 MSP Salz*
*etwas lauwarmes Wasser*

***Für die Füllung:***
*125 g Sojagranulat*
*250 ml heißes Wasser zum Einweichen*
*1 Frühlingszwiebel*
*200 g Möhren*
*100 g Wasserkastanien*
*1 EL gehackter Ingwer*
*1 EL Sojasauce*
*1 EL Reiswein*
*Salz*
*½ TL Sesamöl*

***Für die Brühe:***
*1 ½ l Gemüsebrühe*
*3 EL Sojasauce*
*3 EL Reiswein*
*1 MSP Salz*
*1 TL Sesamöl*
*150 g Pak Choi oder Blattspinat*
*1 Frühlingszwiebel*

- Für den ***Teig*** das Mehl, das Ei, Salz und etwas lauwarmes Wasser miteinander vermischen und zu einem geschmeidigen Nudelteig verarbeiten.

- Für die ***Füllung*** das Sojagranulat zehn Minuten im kochend heißen Wasser einweichen, anschließend die überschüssige Flüssigkeit abgießen und das Sojagranulat gut ausdrücken.
- Die Frühlingszwiebel waschen, in Ringe schneiden und beiseite stellen.
- Die Möhren, die Wasserkastanien und den Ingwer schälen und fein hacken.
- Das gehackte Gemüse mit dem Sojagranulat mischen und mit Sojasauce, Reiswein, Salz und Sesamöl würzen.
- Den Nudelteig auf einer bemehlten Arbeitsfläche dünn ausrollen, mit einem Glas Kreise ausstechen oder den Teig in Rechtecke schneiden.
- Jeweils etwas von der Füllung in die Mitte des Teigkreises oder -rechteckes geben und eine Seite des Teiges darüber zusammenklappen, die Teigränder festdrücken.
- Für die ***Brühe*** die Gemüsebrühe mit der Sojasauce, dem Reiswein, Salz und Sesamöl zum Kochen bringen, den Pak Choi hineingeben und kurz mitkochen.
- Die Teigtaschen etwa fünf Minuten in Wasser kochen, bis sie an die Oberfläche steigen.
- Teigtaschen in die Brühe geben, mit den gehackten Frühlingszwiebeln bestreuen, kurz aufkochen lassen und in Portionsschüsseln servieren.

## *Walnuss-Jujube-Suppe* 核桃红枣汤

*hetao hongzao tang*

*50 g Klebreis*
*Wasser zum Einweichen*
*50 g getrocknete Jujube (Chinesische Datteln)*
*200 g Walnüsse*
*½ l Wasser*
*200 g Zucker*
*einige gehackte Walnüsse und Jujube zum Dekorieren*

- Den Reis waschen und etwa zwei Stunden in warmem Wasser einweichen.
- Die Jujube mit kochend heißem Wasser übergießen und zwanzig Minuten quellen lassen.
- Die Walnusskerne ebenfalls mit kochend heißem Wasser überbrühen, kurz einweichen lassen und anschließend die bitteren Häutchen der Walnüsse entfernen.
- Die Walnüsse und die Jujube sehr fein hacken. Mit dem abgegossenen Reis mischen und etwas zusätzliches Wasser hinzufügen, bis eine klebrige Masse entsteht.
- Das Wasser, den Zucker und die Walnuss-Jujuben-Mischung in einen Topf geben und so lange kochen, bis die Suppe eine puddingartige Konsistenz hat.
- Die Suppe durch ein feines Sieb passieren. Mit ein paar Walnuss- und Jujubenstücken dekorieren.

## ***Silbermorcheln mit chinesischem Bocksdorn*** 枸杞顿银耳

*gouqi dun yiner*

*20 g Silbermorcheln*
*Wasser zum Einweichen*
*1 EL Bocksdornfrüchte*
*1 l Wasser*
*2 Eiweiß*
*150 g Kandiszucker*
*50 g Zucker*

- Die Silbermorcheln waschen, mit kochendem Wasser überbrühen und eine Stunde einweichen lassen. Anschließend die festen Stiele entfernen. Die Morcheln unter fließendem Wasser waschen und in mundgerechte Stücke schneiden.
- Die Bocksdornfrüchte ebenfalls gründlich waschen.
- Das Wasser zum Kochen bringen, das Eiweiß, den Kandiszucker und den Zucker hinzugeben, umrühren und den Schaum, der sich bildet, immer wieder von der Oberfläche abschöpfen.
- Wenn sich die Suppe leicht weißlich verfärbt hat, die Silbermorcheln und die Bocksdornfrüchte hinzugeben und nochmals aufkochen lassen.

*Diese chinesische Suppe mit Silbermorcheln und Bocksdorn wurde am Kaiserhof der Qing-Dynastie (1644 bis 1911 n. Chr.) als Delikatesse geschätzt und gilt bis heute in China als beliebtes Kräftigungsmittel.*

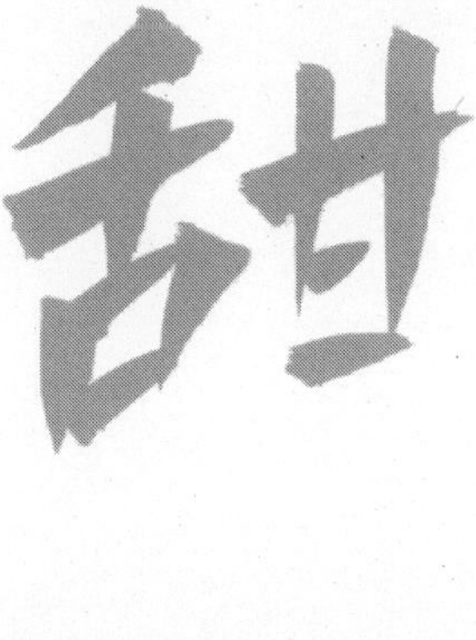

## ***Silbermorcheln mit Mandarinen*** 橘子顿银耳

*juzi dun yiner*

*75 g Silbermorcheln*
*Wasser zum Einweichen*
*1 Eiweiß*
*etwas Wasser*
*2 – 3 Mandarinen*
*1 ½ l Wasser*
*120 g Kandiszucker*

- Die Silbermorcheln fünfzehn Minuten in warmem Wasser einweichen und anschließend die Stiele entfernen. Die Morcheln gründlich waschen und in mundgerechte Stücke schneiden.
- Das Eiweiß mit etwas Wasser verquirlen.
- Die Mandarinen von den Schalen befreien und in einzelne Schnitze teilen.
- Das Wasser erwärmen und den Kandiszucker darin auflösen, dann aufkochen lassen.
- Wenn das Wasser zu kochen beginnt, das Eiweiß unter ständigem Rühren hinzufügen.
- Die Morcheln in die Suppe geben und etwa eine Stunde bei geringer Wärmezufuhr kochen lassen, bis die Flüssigkeit leicht eingekocht ist.
- Die Suppe in eine große Schüssel füllen, die Mandarinenschnitze hinzugeben und sofort servieren.

*Diese Suppe ist eine Spezialität der Provinz Sichuan.*

## ***Brühe mit Spinat und Ei*** 菠菜蛋汤

*bocai dan tang*

*100 g Blattspinat*
*5 schwarze Morcheln*
*2 Eier*
*1 l Gemüsebrühe*
*1 EL Sojasauce*
*Salz*
*Pfeffer*

- Die Spinatblätter waschen, blanchieren und mit kaltem Wasser abschrecken.
- Die Morcheln gründlich waschen.
- Die Eier aufschlagen und verquirlen.
- Die Gemüsebrühe aufkochen, Sojasauce, etwas Salz und etwas Pfeffer in die Brühe geben, anschließend die Morcheln hinzufügen.
- Die Suppe nochmals aufkochen lassen, die verquirlten Eier in die Suppe geben und warten, bis sie an der Oberfläche schwimmen.
- Den Spinat in den Topf geben, umrühren und die Suppe sofort servieren.

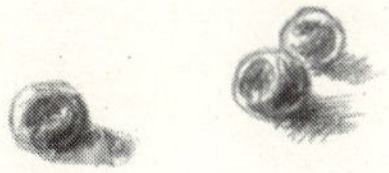

## *Mongolischer Feuertopf* 蒙古火锅
*menggu huoguo*

*2 Kartoffeln*
*150 g Blumenkohl*
*100 g Chinakohl*
*100 g Champignons*
*50 g Shiitakepilze*
*100 g Glasnudeln*
*50 g Enokipilze (Goldnadelpilze)*
*50 g Tofuhaut*

***Für den Erdnussdip:***
*5 EL Erdnussmus*
*½ TL Salz*
*5 EL Wasser*

***Für den Sojadip:***
*2 EL Sojasauce*
*1 EL Reiswein*
*1 TL Reisessig*
*1 TL Zucker*
*½ TL scharfe Bohnensauce* (doubanjiang)
*1 MSP gehackter Ingwer*
*1 MSP gehackter Knoblauch*

***Für die Brühe:***
*2 l Gemüsebrühe*
*3 Knoblauchzehen*
*1 Stück geschälter Ingwer*

- Das Gemüse und die Pilze putzen und in mundgerechte Portionen teilen.
- Die Zutaten für die ***Saucen*** jeweils miteinander verrühren und in Portionsschälchen servieren.

- Die ***Brühe*** zusammen mit den geschälten Knoblauchzehen und dem Ingwer zum Kochen bringen und in einen Feuertopf oder Fonduetopf geben.
- Das Gemüse, die Champignons, die Shiitakepilze, die Nudeln, die Enokipilze und die in Streifen geschnittene Tofuhaut werden am Tisch in den Feuertopf gegeben und so lange gekocht, bis sie gar sind. Mit einer Schöpfkelle oder mit den Essstäbchen werden die fertigen Zutaten aus dem Feuertopf gefischt.

***Tipp:*** *Je nachdem wie viele Personen mitessen, können die Mengen der zubereiteten Dips entsprechend variiert werden.*
*Als Würzmittel für die Dips können beispielsweise auch gehackter Knoblauch, frischer Koriander oder geriebener Ingwer serviert werden. Weitere beliebte Zutaten für den Feuertopf sind grüner Spargel, Stangensellerie, Bambussprossen, Brokkoli, Scheiben von Maiskolben, Blattspinat, Süßkartoffelscheiben oder Kürbisstücke.*
*Jede Region Chinas besitzt mittlerweile ihre eigene Rezeptur für Feuertopfgerichte. Im Norden sind die Zutaten häufig schwerer, während im Süden leichter gegessen wird und der Brühe häufig bestimmte Heilkräuter zugefügt werden.*

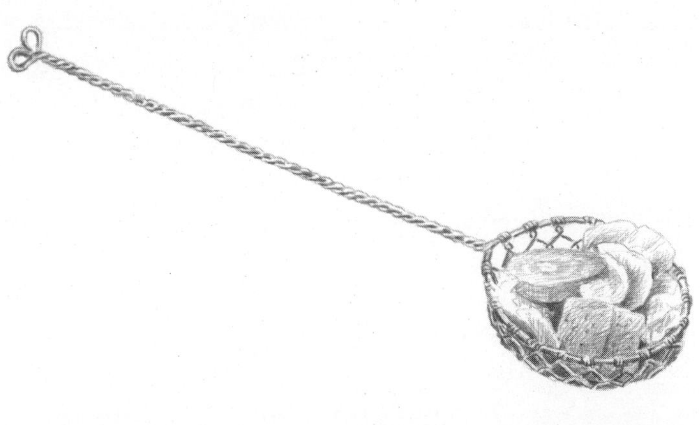

## ***Suppe mit gebratenem Ei*** 煎蛋汤
*jiandantang*

*4 Eier*
*3 EL gehackter Porree oder Schnittlauch*
*1 l Wasser*
*1 EL Öl für den Wok*
*Salz*
*Pfeffer*
*1 – 2 TL gekörnte Gemüsebrühe*

- Die Eier in eine Schüssel aufschlagen und verquirlen. Den Porree in feine Ringe schneiden. Das Wasser aufkochen lassen.
- Das Öl in einem Topf oder einem Wok erhitzen und die Eiermasse darin braten, bis sie leicht stockt.
- Sofort das kochende Wasser hinzufügen und mit den Gewürzen abschmecken.
- Die Suppe bei großer Hitze aufkochen lassen und den Porree kurz vor Ende der Garzeit hinzufügen. Die Suppe in einer Suppenterrine servieren.

*Das Suppenrezept stammt ursprünglich aus Beijing und der Provinz Hebei.*

## *Chinesische Nudelsuppe* 面与蔬菜

*mian xi shucai*

*150 g Weizenmehl*
*1 Ei*
*etwas warmes Wasser*
*50 g Pak Choi oder Blattspinat*
*½ Möhre*
*1 Bund Chinesischer Schnittlauch*
*1 EL Reiswein*
*1 EL Sojasauce*
*1 kleines Stück fein gehackter Ingwer*
*1 MSP Salz*
*2 EL Öl*
*1 l Gemüsebrühe*

- Das Mehl in eine Schüssel sieben, das Ei hinzufügen und zu einem geschmeidigen Teig verkneten, dabei etwas warmes Wasser hinzufügen.
- Den Teig mit einem bemehlten Nudelholz dünn ausrollen, dann locker aufrollen und in schmale Nudeln schneiden. (Etwas einfacher geht es, wenn die Teigplatte zuvor mit etwas Öl bestrichen oder mit Mehl bestäubt wurde.)
- Das Gemüse putzen und kurz in heißem Wasser blanchieren, anschließend gut abtropfen lassen.
- Reiswein, Sojasauce, gehackten Ingwer, Öl und Salz zu einer Marinade verrühren.
- Die Gemüsebrühe aufkochen lassen.
- Die Nudeln in kochendem Wasser garen, bis sie die gewünschte Konsistenz haben.
- Nudeln abgießen und in Portionsschüsseln füllen.
- Das blanchierte Gemüse über die Nudeln geben.
- Die Marinade zusammen mit der Gemüsebrühe über die Nudeln und das Gemüse geben und die Suppe heiß servieren.

# Süßspeisen und Gebäck

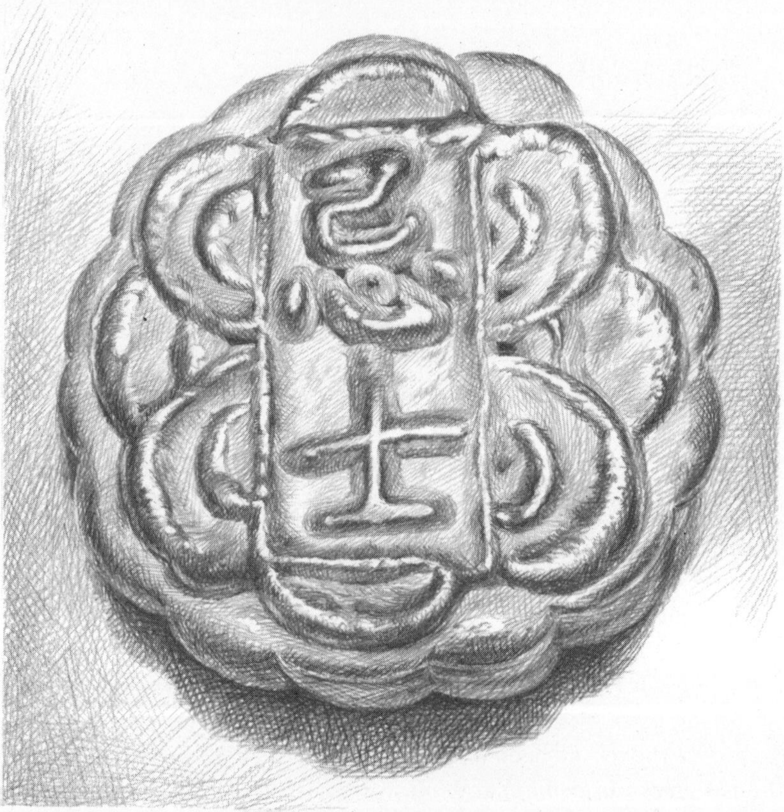

Süße Nachspeisen sind in den meisten Gegenden Chinas eher unüblich, aber inzwischen wird – vielleicht auch ein Zeichen der Globalisierung der Essgewohnheiten – gerne frisches Obst der Saison zum Abschluss eines Menüs serviert. Süßspeisen werden aber gerne als ein Gang eines Menüs gereicht oder wie der Mondkuchen beim Mondfest zu besonderen Gelegenheiten gegessen.
Hausgemachtes Gebäck wird meist frittiert oder gedämpft, da nur wenige chinesische Haushalte über Backöfen verfügen.

## ***Klebreisklößchen*** 圆子

*yuanzi*

*50 g schwarze Sesampaste*
*ersatzweise rote Bohnenpaste, süße Lotospaste oder Erdnussmus*
*3 EL Zucker*
*200 g Klebreismehl*
*150 ml heißes Wasser*
*1 l Wasser*
*25 g Roh-Rohrzucker*

- Die Sesampaste mit dem Zucker gründlich vermischen.
- Das Reismehl in eine Schüssel sieben, das heiße Wasser hinzufügen und zu einem elastischen Teig verkneten. Anschließend den Teig zu einer langen Rolle formen und in circa zwanzig Portionen teilen.
- Die Teigportionen jeweils zu einem kleinen flachen Kreis formen, dann in die Mitte etwas von der Sesam-Zucker-Füllung geben, die Teigfladen zu Kugeln formen und die Paste so mit dem Teig umschließen.
- Das Wasser mit dem Zucker aufkochen, die Hitze reduzieren und die *yuanzi* etwa fünf Minuten darin ziehen lassen.
- Wenn die Klößchen an die Oberfläche steigen, sind sie fertig und können mit etwas Kochsud serviert werden.

*Am 15. Tag des 1. Monats des Mondkalenders endet das chinesische Frühlingsfest. An diesem Tag wird das Laternenfest gefeiert. Alles wird mit bunten Laternen geschmückt und traditionell werden Reisklöße mit Sesamfüllung* (yuanzi) *gegessen. Die* yuanzi *sollen Glück und Wiedervereinigung der Familie symbolisieren, denn* yuan *bedeutet »rund«. Sie sind auch ein Zeichen dafür, dass alle Wünsche mit diesem »gefüllten, runden Anfang« im neuen Jahr in Erfüllung gehen mögen.*

## *Eingewickelte Klebreisklöße* 端午粽子

*duanwu zongzi*

*500 g Klebreis*
*125 g rote Bohnenpaste*
*ersatzweise süße Lotospaste oder Erdnussmus*
*3 EL Zucker*
*24 Bambusblätter*

- Den Klebreis waschen und über Nacht in ausreichend Wasser einweichen. Am nächsten Tag gegebenenfalls das überschüssige Wasser abgießen und den Reis abtropfen lassen.
- Die rote Bohnenpaste mit dem Zucker mischen.
- Die Bambusblätter fünf Minuten in warmem Wasser einweichen.
- Den Reis in zwölf Portionen teilen. Jede Portion flach drücken, jeweils etwas von der Bohnenpaste hineingeben und zu einer Kugel formen, sodass die Füllung eingeschlossen ist.
- Die Bambusblätter auslegen, dabei jeweils zwei Blätter quer übereinanderlegen. Die Reiskugeln in die Mitte setzen, mit den Bambusblättern einwickeln und mit Küchenzwirn umwickeln.
- Die Reisklöße in einen Bambusdämpfkorb geben und zugedeckt fünfzehn bis zwanzig Minuten dämpfen lassen. Vor dem Servieren die *zongzi* von den Bambusblättern befreien.

*Am 5. Tag des 5. Monats des Mondjahres findet in China das Drachenbootfest statt. Dieser Festtag reicht bis in die Zeit der Streitenden Reiche (475 bis 221 v. Chr.) zurück und soll an den patriotischen Hofbeamten und Dichter Qu Yuan, erinnern. Qu Yuan versuchte den Kaiser auf die immer korrupter werdenden Regierungsbeamten aufmerksam zu machen, scheiterte aber. Als letzten Protest warf er sich am 5. Tag des 5. Monats nach dem Mondkalender in den Miluo-Fluss und ertrank darin. Qu Yuans Sympathisanten warfen* zongzi *in den Fluss, um seine Seele zu füttern. Neben den Drachenbootrennen, die bis heute abgehalten werden, essen Chinesen vor allem an diesen Tag* zongzi, *um an das Ereignis zu erinnern.*

## ***Yamswurzeln mit Honig*** 蜜汁山药

*mizhi shanyao*

*400 g Yamswurzeln*
*25 g Gurke*
*25 g Weißdorngelee*
*Öl für den Wok*
*150 g Zucker*
*375 ml Wasser*
*25 g Honig*

- Die Yamswurzeln waschen, schälen und in dickere Streifen von zwei bis drei Zentimeter Länge schneiden.
- Die Gurke und das Weißdorngelee in feine Würfel schneiden.
- Etwas Öl in einem Wok erhitzen, dann ein Drittel des Zuckers hinzufügen und diesen karamellisieren lassen. Wenn der Zucker eine goldgelbe Farbe angenommen hat, die Yamswurzelstreifen hinzugeben und mit der Zuckerlösung überziehen.
- Das Wasser, den restlichen Zucker und den Honig hinzugeben und bei schwacher Hitze kochen lassen, bis die Yamswurzeln weich sind.
- Sind die Yamswurzeln weich gekocht und das Zuckerwasser eingedickt, auf Tellern anrichten und mit den zerkleinerten Gurken- und Weißdorngeleewürfeln dekorieren.

*Dieses Gericht ist eine Spezialität aus der Hauptstadt Beijing.*

## *Heiße kandierte Äpfel* 拔丝苹果

*basi pingguo*

*2 mittelgroße Äpfel*
*120 g Weizenmehl*
*2 Eier*
*100 ml Wasser*
*Erdnussöl für den Wok*
*etwas Weizenmehl*
*125 g Zucker*

- Die Äpfel waschen, schälen und in gleichmäßige, rautenförmige Stücke schneiden.
- Das Mehl in eine Schüssel sieben, die Eier aufschlagen und verquirlen und zusammen mit dem Wasser und dem Mehl zu einem klümpchenfreien Teig verarbeiten.
- Ausreichend Öl in einem Wok erhitzen. Die Äpfel in etwas Mehl wälzen, dann in den Teig tauchen und schwimmend im heißen Fett goldgelb frittieren.
- Die Apfelstücke aus dem Wok nehmen, auf Küchenkrepp abtropfen lassen.
- Das Öl bis auf einen kleinen Rest abgießen.
- Den Zucker auf kleiner Flamme im restlichen Öl unter ständigem Rühren auflösen. Wenn er eine hellgelbe Farbe annimmt und Blasen wirft, den Wok kurz vom Herd nehmen. Der Zucker darf auf keinen Fall braun werden!
- Die Apfelstücke in die Karamellmasse geben und schnell wenden, bis sie gleichmäßig mit dem Sirup bedeckt sind.
- Auf einem vorgewärmten und mit Öl bestrichenen Teller geben und mit einem Schälchen kaltem Wasser sofort servieren. Vor dem Verzehr werden die Apfelstücke kurz in das kalte Wasser getaucht, damit die Zuckerglasur erstarrt.

*Der Apfel symbolisiert wegen des Gleichklangs der Worte den Frieden und stellt darüber hinaus ein Sinnbild des Frühlings dar. Daher wird er in China sehr gerne verzehrt und verschenkt.*

## **Gebratene Kürbiskuchen** 南瓜并

*nangua bing*

*150 g Kürbis*
*200 g Klebreismehl*
*10 g Speisestärke*
*150 g Zucker*
*etwas Wasser nach Bedarf*
*50 g rote Bohnenpaste*
*2 Eier*
*100 g Paniermehl*
*Öl für den Wok*

- Den Kürbis schälen, in kleine Stücke schneiden und in einem Topf mit wenig Wasser dämpfen, bis er weich ist.
- Den Kürbis gut abtropfen lassen und zerstampfen.
- Das Klebreismehl, die Stärke und den Zucker miteinander vermischen, den Kürbis hinzufügen und aus der Masse einen Teig herstellen. Bei Bedarf etwas Wasser hinzufügen, falls der Teig zu fest ist.
- Kleine Teigstücke abnehmen und zu flachen, runden Fladen formen. Jeweils etwas Bohnenpaste in die Mitte geben, zu einer Kugel formen, sodass die Paste umschlossen ist, und anschließend wieder flachdrücken.
- Die Kürbisküchlein in einen Dämpfeinsatz geben, der mit Kohlblättern oder Backpapier ausgelegt wird, und etwa zehn Minuten gar dämpfen. Die Küchlein auskühlen lassen.
- Die Eier verquirlen, die Fladen zuerst in die Eiermasse tauchen, dann im Paniermehl wälzen.
- Das Öl im Wok erhitzen und die Kürbisküchlein darin goldgelb braten.

## *Gebratene Kringel* 大麻花

*da mahua*

*75 g Roh-Rohrzucker*
*250 g Wasser*
*500 g Weizenmehl*
*2 TL Backpulver*
*2 Eier*
*Erdnussöl zum Frittieren*

- Den Zucker im Wasser auflösen.
- Das Mehl mit dem Backpulver vermischen. Das gesüßte Wasser zum Mehl geben und alles zu einem klümpchenfreien Teig verrühren.
- Die Eier verquirlen, zum Teig geben und alles kräftig durchkneten.
- Den Teig in zehn Stücke teilen und jedes Teigstück zu einer langen Rolle formen. Zu einem »U« formen und beide Stränge so lange miteinander verdrehen, bis ein fester Zopf entsteht. Die Enden festdrücken.
- Das Öl in einem Wok oder einem Topf erhitzen und die Gebäckstücke darin frittieren, bis sie knusprig braun sind.

## *Sesambällchen* 麻球

*maqiu*

*100 g Zucker*
*4 EL warmes Wasser*
*250 g Klebreismehl*
*½ Päckchen Backpulver*
*50 g rote Bohnenpaste*
*ersatzweise Erdnussmus*
*50 g Sesam*
*Öl zum Frittieren*

- Den Zucker im warmen Wasser auflösen.
- Das Klebreismehl und das Backpulver hinzufügen und alles zu einem lockeren Teig verarbeiten. Den Teig gut durchkneten und falls notwendig weiteres Wasser hinzufügen.
- Den Teig in acht Stücke teilen und jedes Teigstück zu einem flachen Fladen formen.
- Jeweils einen Teelöffel Bohnenpaste in die Mitte geben. Den Teig jeweils zu einer Kugel formen, sodass die Füllung umschlossen wird.
- Die Bällchen mit etwas Wasser benetzen und im Sesam wälzen.
- Reichlich Öl in einem Topf erhitzen und die Sesambällchen darin goldbraun frittieren.
- Sesambällchen aus dem Topf nehmen und auf Küchenkrepp abtropfen lassen.

## ***Mondkuchen*** 月饼

*yuebing*

*500 g Weizenmehl*
*100 g Zucker*
*200 ml Wasser*
*1 Päckchen Vanillezucker*
*2 EL Zucker*
*50 g Lotospaste*
*ersatzweise rote Bohnenpaste, Marzipan oder gemahlene Walnüsse*
*2 Eigelb*

- Das Mehl und den Zucker mit dem Wasser mischen, den Vanillezucker hinzufügen und alles zu einem geschmeidigen Teig verkneten.
- Den Zucker mit der Lotospaste vermischen.
- Den Teig in zwölf Stücke schneiden und zu runden Fladen ausrollen.
- Jeweils etwas von der Lotospastenfüllung in die Mitte geben und die Kugel verschließen.
- Um das typische Muster eines Mondkuchens zu erhalten, wird in China eine spezielle Form verwendet, in die die Teigkugel nun gepresst wird. Man kann stattdessen den Teig auch in eine gefettete Muffinform geben, um die Mondkuchen gleichmäßig zu formen.
- Die Eigelbe miteinander verquirlen und die Mondkuchen damit bestreichen.
- Die Mondkuchen in der Form im vorgeheizten Backofen zwanzig Minuten bei 160 °C backen.

*Im Herbst wird am 15. Tag des 8. Monats, an dem Vollmond ist, das »Mondfest« gefeiert. Es ist ein großes Familienfest, bei dem sich traditionell alle Familienmitglieder treffen. Wie jeder chinesische Feiertag wird auch das Mondfest von einer besonderen kulinarischen Spezialität begleitet: dem Mondkuchen* (yuebing). *Die Kuchen werden an Verwandte, Freunde und Geschäftspartner verschenkt. Auch hier gilt wie bei allen Geschenken in China, je teurer und nobler die Verpackung und der Inhalt, desto wichtiger ist dem Schenkenden die Beziehung zum Beschenkten.*

## *Eiercremetörtchen* 酥皮蛋挞

*supi danta*

***Für den Teig:***
*200 g Weizenmehl*
*50 g Butterschmalz*
*50 g Butter*
*4 EL heißes Wasser*

***Für die Füllung:***
*2 Eier*
*450 ml Milch*
*120 g Zucker*

- Für den ***Teig*** das Mehl in eine Schüssel sieben.
- Das Schmalz und die Butter klein schneiden und zum Mehl geben, das heiße Wasser hinzufügen. Alles zu einem festen Teig verkneten.
- Den Teig in Klarsichtfolie einwickeln und dreißig Minuten in den Kühlschrank legen.
- Für die ***Füllung*** die Eier in eine Schüssel aufschlagen, verquirlen und die Milch und den Zucker hinzugeben.
- Den Ofen auf 160 °C vorheizen und eine Muffinform einfetten.
- Den Teig auf einer bemehlten Fläche dünn ausrollen, zwölf Kreise ausstechen und die Muffinförmchen damit auslegen.
- Die Füllung in die Teigförmchen geben und die Törtchen im Backofen etwa fünfunddreißig Minuten backen, bis die Eiermasse fest geworden ist. Anschließend abkühlen lassen.

*Das Rezept für die Törtchen stammt aus der Provinz Guangdong.*

## ***Mangopudding*** 芒果布丁

*mangua buding*

*2 TL Agar-Agar*
*175 g Zucker*
*250 ml heißes Wasser*
*750 ml frische, pürierte Mango*
*250 ml Kondensmilch*
*Limetten- und Mangoscheiben zum Garnieren*

- Das Agar-Agar und den Zucker in das heiße Wasser geben, verrühren und aufkochen lassen.
- Das Mangopüree und die Kondensmilch in eine Schüssel geben und miteinander mischen, die Agar-Agar-Mischung hinzugeben und gründlich verrühren.
- Den Pudding in feuerfeste Portionsschüsseln füllen und mindestens eine Stunde kalt stellen.
- Zum Servieren die Schüsseln kurz in heißes Wasser tauchen, auf Teller stürzen und mit den Limetten- und Mangoscheiben garnieren.

*Mangopudding ist ein sehr beliebtes* dim-sum-*Dessert in Südchina.*

## *Sesamcreme* 芝麻糊

*zhima hu*

*1 EL Öl für den Wok*
*200 g Sesam*
*750 ml Wasser*
*150 g Zucker*
*3 TL Speisestärke*
*etwas Wasser*

- Das Öl in einem Wok erhitzen und den Sesam darin anrösten, bis er zu duften beginnt.
- Etwas Wasser hinzugießen und einige Minuten köcheln lassen.
- Anschließend den Pfanneninhalt in einen Rührbecher oder in die Schüssel der Küchenmaschine geben und mit einem Pürierstab oder der Küchenmaschine zerkleinern.
- Das restliche Wasser mit dem Zucker in einem Topf zum Kochen bringen, das Sesammus einrühren und das Ganze bei geringer Wärmezufuhr zehn Minuten kochen lassen.
- Die Speisestärke in etwas Wasser auflösen, unter die Sesamcreme heben, kurz aufkochen lassen und warm oder kalt servieren.

## **Mandelgelee** 杏仁豆腐

*xingren doufu*

*10 g Agar-Agar*
*600 ml kaltes Wasser*
*300 g Zucker*
*400 ml Milch*
*2 TL Bittermandelaroma*
*frische Früchte nach Belieben*

- Das Agar-Agar in einem Topf mit dem kalten Wasser verrühren und aufkochen lassen.
- Den Zucker, die Milch und das Mandelaroma in eine Schüssel geben und verquirlen.
- Das Wasser mit dem Agar-Agar unter ständigem Rühren zur Milch geben, sodass sich der Zucker auflöst.
- Die Masse in eine rechteckige Form gießen und zum Erstarren mindestens eine Stunde in den Kühlschrank stellen.
- Das feste Mandelgelee in Rauten schneiden und zusammen mit frischen Früchten servieren.

***Tipp:*** *Das Mandelgelee wird in China gerne mit einem Fruchtsalat aus Litchis, Melonen, Mango und Papaya serviert.*
*Sehr lecker ist auch Kokosnussgelee. Dazu wird das Wasser durch Kokosmilch ersetzt. Anstelle des Mandelaromas sollte dann Vanillezucker verwendet werden.*

## ***Gebratene Wassermelone*** 炒西瓜

*chao xigua*

*½ Wassermelone (1 ½ – 2 kg)*
*50 g Weizenmehl*
*1 Eiweiß*
*50 g Speisestärke*
*etwas Wasser*
*750 ml Erdnussöl zum Frittieren*
*50 g Zucker*

- Die Wassermelone aufschneiden, die Schale entfernen und die Melone zuerst in Scheiben, dann in Streifen und schließlich in mundgerechte Stücke schneiden. Die Kerne entfernen.
- Die Wassermelonenstücke im Mehl wälzen, sodass sie gleichmäßig damit überzogen sind.
- Das Eiweiß mit der Speisestärke und etwas kaltem Wasser vermischen und die Melonenstücke einzeln hineingeben.
- Das Öl in einem Wok erhitzen und die Melonenstücke darin knusprig braten.
- Die frittierten Melonen aus dem Wok nehmen und auf Küchenkrepp abtropfen lassen.
- Die Melonenstücke auf einem Teller anrichten und mit Zucker bestreuen.

***Tipp:*** *Statt der Wassermelone können auch andere Melonensorten verwendet werden.*

*Frittierte Wassermelonen sind eine Spezialität aus Beijing und der Provinz Hebei.*

# Die Autorin

Kerstin Lautenbach-Hsu kennt China nicht nur durch zahlreiche Aufenthalte, sondern lebt seit einigen Jahren abwechselnd in Braunschweig und in der chinesischen Wirtschaftsmetropole Shanghai. Neben dem Fotografieren zählt das Kochen zu den größten Leidenschaften der langjährigen Vegetarierin, die in China die landestypische vegetarische Küche in ihrer ursprünglichen Form kennen und schätzen gelernt hat. Begeistert von der Vielfältigkeit der chinesischen Esskultur, hat sie begonnen, traditionelle chinesische Originalrezepte, die einem Großteil der Europäer meist verborgen bleiben, zusammenzustellen.

Die Autorin studierte an der Technischen Universität Braunschweig Erziehungswissenschaft sowie Lehramt an Realschulen und übte zahlreiche Lehrtätigkeiten an verschiedenen Schulen und Universitäten in Deutschland und in der Volksrepublik China aus. Die Erziehungswissenschaftlerin beschäftigt sich seit vielen Jahren mit dem chinesischen Kulturraum und arbeitet an weiteren Buchprojekten zu wirtschaftlichen und kulturellen Aspekten der chinesischen Kultur. Des Weiteren berät sie Fach- und Führungskräfte deutscher und international tätiger Unternehmen, die beruflich mit Vertretern des chinesischen Kulturkreises in Kontakt treten.

## Danksagung

Mein Dank gilt allen Freunden und Verwandten, die mich bei der Umsetzung dieses Projektes unterstützt haben, vor allem meiner Mutter Gisela Lautenbach, meinem Bruder Dr. Holger Lautenbach sowie meiner Schwester Dr. Elke Kottutz. Ein besonderer Dank gilt meinen beiden langjährigen und treuen Freundinnen Bettina Hinkelmann und Babette Eyben, die mich immer wieder inspirieren und natürlich meinem guten Freund Dr. Lars Junghans für die vielen aufmunternden und motivierenden Worte in den letzten Jahren.

Ein spezieller Dank gebührt Caroline Kolb und Thomas Esper für die schöne gemeinsame Zeit in Shanghai, ebenso wie Eva Jung, die mir den tollen Tipp mit dem Dongbei-Restaurant gegeben hat und die immer so viele leckere vegetarische Gerichte für uns bestellt.

# Rezeptindex

Acht Kostbarkeiten 136
Ameisen klettern auf Bäume 110
Äpfel, kandiert 162
Aubergine, fischduftend 72
Aubergine, geschmort 73
Auberginenpüree 61

Bambus mit Peperoni 89
Bocksdorn mit Yamswurzeln 67
Bohnen mit Ingwersaft 77
Bohnensprossen
mit Schnittlauch und Ei 78
Brokkoli mit Knoblauch 83
Brühe mit Spinat und Ei 153

Chinakohl in Milch 81
Chinakohl mit Tofu 106
Chinesische Nudelsuppe 157
Chinesischer Bocksdorn
mit Silbermorcheln 151

Dampfbrötchen 122
Dampfbrötchen, gefüllt 124
Dicke Bohnen mit
Frühlingszwiebelöl 63
Dicke Bohnen mit Ginkgo
und Pilzwürfeln 85
Dreifarbige gebratene
Gemüsestreifen 84

Ei und Schnittlauch
mit Bohnensprossen 78
Eier mit Tomaten 142
Eierblüten-Tomaten-Suppe 147
Eiercremetörtchen 167
Eierpfannkuchen 141
Eingelegtes Gemüse
aus Sichuan 68
Eingewickelte Klebreisklöße 160
Ei-Spinat-Brühe 153
Enoki mit Pak Choi 71
Erdnüsse, knusprig gebraten 53
Erdnusssauce zu Maronen 62

Feuertopf 154
Fischduftende Aubergine 72
Fischduft-Omelett 144
Fladen mit Eierfüllung 139
Fladen mit Gemüsefüllung 134
Frittierte Kartoffelklöße 135
Frühlingsrolle
mit Gemüse und Ei 132
Frühlingszwiebelöl
mit Dicken Bohnen 63

Gebackene Fladen mit
Gemüsefüllung 134
Gebackener Fladen
mit Eierfüllung 139

Gebratene Bohnensprossen
mit Schnittlauch und Ei 78
Gebratene jiaozi 129
Gebratene Kartoffelstreifen
mit Paprika 75
Gebratene Kringel 164
Gebratene Kürbiskuchen 163
Gebratene Pilze 79
Gebratene Pilze im Teigmantel 87
Gebratene Schlangenbohnen 76
Gebratene Wassermelone 171
Gebratener Brokkoli
mit Knoblauch 83
Gebratener Kürbis mit Ei 86
Gebratener Reis Yangzhou-Stil 121
Gebratener Seitan
mit Currysauce 116
Gebratener Spinat 82
Gebratener Tofu 99
Gedämpfte Brötchen 122
Gedämpfte Kürbisbrötchen 123
Gefüllte Dampfbrötchen 124
Gefüllte Teigtaschen 126
Gegrillte vegetarische Rippchen 90
Gemüse mit Klebreisplätzchen 138
Gemüse mit Tofubällchen 105
Gemüse, eingelegt
nach Sichuan-Art 68
Gemüse, mandschurische Art 69
Gemüsestreifen, gebraten 84
Geschmorte Aubergine 73
Gezuckerte Tomaten 65
Ginkgo und Pilzwürfel
mit Dicken Bohnen 85
Glasnudelfüllung
für Teigtaschen 130
Glasnudel-Sojasprossen-Salat 66
Gurken, scharf eingelegt 56

**H**eiße kandierte Äpfel 162
Hundertjährige Eier
mit grünem Paprika 143
Hun-Tun-Suppe 148

**I**m Topf versunkener Tofu 101

**J**iaozi, gebraten 129
Jujube-Walnuss-Suppe 150

**K**andierte Äpfel 162
Kandierte Walnüsse 54
Kartoffelklöße, frittiert 135
Kartoffelstreifen mit Paprika 75
Klebreisklößchen 159
Klebreisklöße, eingewickelt 160
Klebreisplätzchen mit Gemüse 138
Knusprig gebratene Erdnüsse 53
Kohl, sauerscharf 59
Kringel, gebraten 164
Kürbis mit Ei 86
Kürbisbrötchen, gedämpft 123
Kürbiskuchen, gebraten 163

**L**ilienzwiebeln mit Sellerie 74
Lotoswurzelsalat 57
Löwenköpfchen, vegetarisch 108

**M**ais mit Pinienkernen 60
Maiskölbchen, scharf 88
Mandarinen
mit Silbermorcheln 152
Mandarin-Pfannkuchen 128

Mandelgelee 170
Mandschurisches
kaltes Gemüse 69
Mangopudding 168
Maronen mit Erdnusssauce 62
Möhrensalat 64
Mondkuchen 166
Mongolischer Feuertopf 154

Nudelsuppe, chinesisch 157

Omelett, fischduftend 144

Pak Choi mit Enoki 71
Paprika mit gebratenen
Kartoffelstreifen 75
Paprika mit
hundertjährigen Eiern 143
Peperoni mit Bambus 89
Pilze im Teigmantel 87
Pilze mit Seitan 103
Pilze, scharf gebraten 79
Pilzwürfel und Ginkgo
mit Dicken Bohnen 85
Porree und Sichuanpfeffer
mit vegetarischen
Hühnerwürfeln 109

Reis Yangzhou-Stil 121
Reispudding
»Acht Kostbarkeiten« 136
Rettichkuchen, vegetarisch 96
Rotgekochte vegetarische
Rippchen 92

Salat aus Glasnudeln
und Sojasprossen 66
Salat aus Lotoswurzeln 57
Salat aus Möhrenstreifen 64
Sauerscharfer Kohl 59
Scharf eingelegte Gurken 56
Scharf gebratene Pilze 79
Scharfe Maiskölbchen 88
Schlangenbohnen, gebraten 76
Schnittlauch und Ei
mit Bohnensprossen 78
Seitan mit Currysauce 116
Seitan mit Pilzen 103
Sellerie mit Lilienzwiebeln 74
Sesambällchen 165
Sesambrötchen 125
Sesamcreme 169
Sesampaste mit Tofu 100
Silbermorcheln mit
chinesischem Bocksdorn 151
Silbermorcheln
mit Mandarinen 152
Sojasprossen-Glasnudel-Salat 66
Spinat, gebraten 82
Spinat-Ei-Brühe 153
Suppe mit gebratenem Ei 156
Süßsaures Gemüse
mit Walnüssen 93

Tee-Eier 55
Teigtaschen mit Glasnudeln 130
Teigtaschen, gefüllt 126
Tofu mit Chinakohl 106
Tofu mit Sesampaste 100
Tofu nach Sichuan-Art 104
Tofu, gebraten 99

Tofu, im Topf versunken 101
Tofubällchen mit Gemüse 105
Tofurollen, vegetarisch 107
Tomaten in Milch 80
Tomaten mit Eiern 142
Tomaten mit Zucker 65
Tomatensuppe mit Eierblüten 147
Topfkleber – Gebratene jiaozi 129
Törtchen mit Eiercreme 167

**V**egetarische Ente 102
Vegetarische Hühnerwürfel mit
Porree und Sichuanpfeffer 109
Vegetarische Krebsscheren 94
Vegetarische Löwenköpfchen 108
Vegetarische Rippchen, gegrillt 90
Vegetarische Rippchen,
rotgekocht 92
Vegetarische Tofurollen 107
Vegetarischer Rettichkuchen 96
Vegetarisches Chilihuhn
mit Erdnüssen 114
Vegetarisches Huhn
in Currysauce 118
Vegetarisches Zitronenhuhn 112

**W**alnüsse mit
süßsaurem Gemüse 93
Walnüsse, kandiert 54
Walnuss-Jujube-Suppe 150
Wassermelone, gebraten 171
Weißkohlröllchen 58

**Y**amswurzeln mit Bocksdorn 67
Yamswurzeln mit Honig 161

# Andere Bücher aus dem pala-verlag

Petra Skibbe und Joachim Skibbe:
**Ayurveda – Die Kunst des Kochens**
ISBN: 978-3-89566-252-2

Martina Kobs-Metzger:
**Ayurvedaküche – leicht und schnell**
ISBN: 978-3-89566-209-6

Margrit Stevanon:
**Tofu – fantastisch vegetarisch**
ISBN: 978-3-89566-162-4

Suzanne Barkawitz:
**Vegan genießen**
ISBN: 978-3-89566-266-9

Gesamtverzeichnis bei:
pala-verlag, Rheinstraße 35, 64283 Darmstadt, www.pala-verlag.de

ISBN: 978-3-89566-259-1

Rheinstraße 35, 64283 Darmstadt
www.pala-verlag.de


Umschlag- und Innenillustrationen: Margret Schneevoigt
Landkarte: Ingrid Keller

Lektorat: Barbara Reis

Satz und Gestaltung: Verlag Die Werkstatt, Göttingen
www.werkstatt-verlag.de

Druck: fgb • freiburger graphische betriebe
www.fgb.de
Printed in Germany

Dieses Buch ist auf Papier aus 100 % Recyclingmaterial gedruckt.